SAKRAMENTE

Leuchtende Zeichen einer neuen Schöpfung

P. Franz Edlinger

SAKRAMENTE

Leuchtende Zeichen einer neuen Schöpfung

Herold Verlag Wien · München

Mit kirchlicher Druckerlaubnis von Abt Gerhard Hradil OCist, Stift Heiligenkreuz

2. Auflage, 1988

Umschlagfoto: Gerhard Trumler
Druck: Herold, Wien 8

ISBN 3-7008-0314-1

Inhalt

Vorwort

Zum Geleit!

Bei vielen Kursen für Glaubenserneuerung und Glaubensvertiefung habe ich mit Pater Franz Edlinger OCist zusammengearbeitet. P. Franz hielt dabei Impulsreferate über die Bedeutung der Sakramente im Glaubensleben der einzelnen und der Kirche. Im Laufe der Zeit hat er sich immer mehr mit dieser Materie befaßt – und ich muß feststellen, daß er mich, auch wenn ich manches bereits mehrmals gehört habe, immer wieder neu faszinierte. Warum? Es war in erster Linie nicht das, was er sagte, sondern wie er etwas verkündete. Ich habe den Eindruck, daß er sich mit diesen Themen andauernd auseinandersetzt und sein Leben danach ausrichtet. Es darf daher nicht wundern, daß – viele haben es mir auch bestätigt! – seine persönliche Glaubwürdigkeit am meisten überzeugt. Aber nicht nur daß Pater Franz versucht, in einer Sprache, die angeht und trifft, die Wahrheit zu vermitteln. Man gewinnt beim Hören den Eindruck, daß er nicht nachspricht, sondern nach Bildern, Vergleichen und Formulierungen sucht, die auf die tiefen Fragen des heutigen Menschen zutreffen.

Immer stärker und von immer mehr Gläubigen wurde daher der Wunsch laut, Pater Franz möge seine Gedanken niederschreiben. Man wolle das einmal Gehörte noch einmal nachlesen und überdenken können, man wolle es auch anderen weitersagen. Dieser Bitte ist Pater Franz nachgekommen und hat das vorliegende Buch geschrieben.

Er ist damit auch ein gewisses Wagnis eingegangen. Die Gedanken über die Sakramente sollten so dargelegt werden, wie er sie verkündet hat. Damit war eine gewisse literarische Gattung von vornherein gegeben. Es handelt sich hier nicht um ein Lehrbuch der Dogmatik, sondern um eine Form erzählender Glaubenslehre. In einem solchen Fall ist auch die sonst übliche Art intensiver Erklärungen, Zitationen und Absicherungen kaum möglich, geschweige denn eine Auseinandersetzung mit verschiedenen Lehrmeinungen. Das ist weder die Absicht des Autors, noch hat er die dafür von der Wissenschaft geforderte Kompetenz. Außerdem wäre das Werk viel zu umfangreich und demnach nicht mehr das geworden, was man von ihm erwartet. Anlaß zu Mißverständnissen könnten auch Beispiele und Vergleiche sein. Das liegt in der Natur der Sache. Jedes Beispiel und jeder Vergleich kann nur eine bestimmte Seite zum Leuchten bringen, und je eindeutiger etwas verglichen wird, desto einseitiger kann es aufgefaßt werden. Hier muß, um der Materie gerecht zu werden und gerecht zu bleiben, die Absicht des Erzählers mitgedacht werden. Wer so wie P. Franz auf den Grund geht und eine Verbindung mit dem Leben herstellen will, wird in verschiedenen Bereichen Neuansätze entdecken, manches zum Überlegen und Überdenken weitergeben, ja einiges kritisieren. Auch hier muß die lautere Absicht gesehen werden. Für Anstöße zum Weiterdenken, zur Vertiefung usw. wird jeder, dem gelebter Glaube ein Herzensanliegen ist, nur dankbar sein.

Immer ist die Kirche dann erneuert worden, wenn sie sich intensiv auf ihre Lebensquellen besonnen hat. Dazu zählen vor allem die Sakramente, weil in ihrer Feier Christus selbst den Gläubigen begegnet. Letztlich geht es bei jeder Erneuerung, jeder Verlebendigung in der Kirche um den auferstandenen Herrn, um eine Begegnung mit Ihm, der uns in der Kraft des Heiligen Geistes zum Vater führt. Von Herzen wünsche ich, daß dieses Buch vielen dazu eine Hilfe werde.

Wiener Neustadt, im Advent 1985

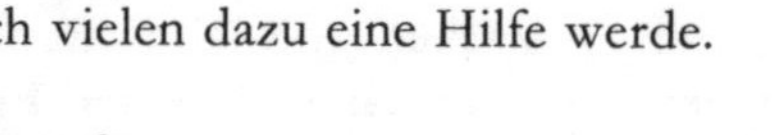

Florian Kuntner
Weihbischof

Einleitung

In meiner bisherigen seelsorglichen Praxis habe ich die Erfahrung gemacht, daß die Sakramente für den Christen in seinem Leben nicht jene zentrale Stellung einnehmen, die ihnen eigentlich zukommen sollte. Ein Jugendlicher hat mir einmal im Gespräch gesagt: „Sakramente sind für mich Alterserscheinungen. Wenn ich ein Säugling bin, werde ich getauft; wenn ich acht Jahre alt bin, gehe ich zur Erstkommunion; wenn ich 14 bin, gehe ich zur Firmung; wenn ich 20 oder 25 bin, heirate ich, und wenn ich im Sterben liege, empfange ich die Krankensalbung." Er hat damit sehr deutlich das Sakramentenverständnis ausgedrückt, das oft bewußt oder unbewußt vorherrscht. Wir dürfen uns nicht wundern, daß das christliche Leben in unseren Gemeinden oft so kraftlos ist; denn wenn die Quellen des Lebens nicht mehr als solche erkannt und geschätzt werden, dann wird es auch um das Leben sehr schlecht bestellt sein.

Doch es besteht kein Grund zum Pessimismus. Fast unbemerkt und still wächst ein neues Sakramentenverständnis bei vielen Christen heran. Sie erfahren, daß christliches Leben sich vor allem in den Sakramenten vollzieht und verwirklicht. Und sie entdecken, daß die Sakramente eine ganz wesentliche und entscheidende Verbindung zu ihrem alltäglichen Leben haben. Wie viele Menschen leiden nämlich darunter, daß die Sakramente und eigentlich ihr gesamtes religiöses Leben eher nur ein „Anhängsel" an ihr normales Leben sind. Die Sakramente haben darin keinen wesentlichen Bezug und keinen Einfluß auf den Ablauf des alltäglichen Lebens.

Ich möchte hier versuchen, diesen Bezug der Sakramente zu unserem Leben herzustellen. Es soll keineswegs eine vollständige Sakramententheologie geboten werden. Ich möchte vielmehr meine persönliche Erfahrung und die Erfahrung vieler Brüder und Schwestern, mit denen ich in Verbindung stehe, als ein Glaubenszeugnis mitteilen. Gott hat uns nicht vergessen. Er hat die Menschheit nicht ihrem Schicksal überlassen, sondern er wirkt ununterbrochen sein Heil. Dieses Heil ereignet sich zeichenhaft und wirksam in den Sakramenten. Und dieses Heil habe ich an mir erfahren. „Wir können unmöglich schweigen von dem, was wir gesehen und gehört haben" – (Apg 4, 20). So haben es die Apostel vor dem Hohen Rat bekannt. Und auch wir alle sollten ein Zeugnis vor der Welt ablegen, daß Gott am Werk ist, daß er vor allem in seinen Sakramenten wirkt.

Wir haben oft deshalb Schwierigkeiten, die Bedeutung der Sakramente zu verstehen, weil wir sie isoliert betrachten und sie nicht in ihrem Zusammenhang mit der Kirche sehen. Wenn die Sakramente die Lebensvollzüge der Kirche sind, dann müssen wir zuerst zu einem richtigen Kirchenbegriff kommen, um die Sakramente verstehen zu können.

Die letzten Jahrhunderte der Kirchengeschichte haben zu einer starken Individualisierung in der Kirche geführt. Die Beziehung des einzelnen Menschen zu Gott hat ein derartiges Übergewicht bekommen, daß daneben die Beziehung zum Mitmenschen und damit auch zur Gemeinschaft der Kirche sehr in den Hintergrund getreten ist. Wie oft kann man etwa folgende Aussprüche hören: „Ob mein Kind getauft wird oder nicht, geht niemanden etwas an!" Oder: „Ob ich kirchlich heirate oder nicht, das ist meine Angelegenheit!" In solchen Redeweisen drückt sich ein sehr individualistisches Sakramentenverständnis aus. Am unheilvollsten hat sich diese Isolierung beim Sakrament der Eucharistie ausgewirkt. Gerade jenes Sakrament, das Gemeinschaft stiften will und das sich in der Gemeinschaft vollzieht, wurde in besonderer Weise seines Sinnes beraubt. Ein neues Sakramentenverständnis, das auf Gemeinschaft hin bezogen ist, entsteht unter uns. Gottes Geist, der das Zweite Vatikanum einberufen und begleitet hat, wirkt eine innere Erneuerung der Kirche, indem ein neues Kirchenbild entsteht: „KIRCHE SIND WIR." Ich habe überall eine große Sehnsucht der Menschen erlebt, die Quellen des wahren Lebens wieder zu entdecken. Ich möchte mit diesen Ausführungen keineswegs die Sakramente dogmatisch erklären, sondern ich will ein persönliches Zeugnis geben, wie ich das Heilswirken Gottes in den Sakramenten an mir und an anderen erfahren habe.

Welt in der Krise – Kirche in der Krise

Immer wieder wird davon gesprochen, daß diese Welt in eine allumfassende Krise geraten sei; eine gesellschaftliche, wirtschaftliche, politische, existentielle und nicht zuletzt eine religiöse Krise. Die Folgen dieses Krisenzustandes sind die Ängste, die den Menschen von heute bedrängen. So wie die Staaten, die Gesellschaftsformen und Ideologien um ihr Selbstverständnis ringen, so ringt auch die Kirche um ihr Selbstverständnis, um ihren Ort und um ihre Aufgabe in der Welt von heute.

Im Zeitalter der Computer, der Weltraumfahrt und der Genmanipulation scheint Gott überflüssig geworden zu sein. Und der Kirche billigt man in den meisten Gesellschaftsformen westlicher Prägung ein Randdasein zu. Die Kirche darf dem Menschen die Höhepunkte seines Lebens festlich verbrämen, und sie darf in Grenzsituationen Trost zusprechen. Wo ist die weltverändernde und welterneuernde Kraft, die Jesus seinen Jüngern zugesagt hat? Wo ist der Sauerteig, der unter das Mehl gemengt wird und alles durchsäuert? Wo ist das Salz der Erde, das der ganzen Speise erst den rechten Geschmack gibt? Wo ist das Licht der Welt, das die dunklen Zusammenhänge erhellt und Licht in die dunklen Vorgänge und ideologischen Mechanismen bringt? Wo ist die Stadt auf dem Berg, die sich trotz ihrer unscheinbaren Dimension heraushebt als etwas gänzlich Neues und die zum Leuchtturm wird?

Diese Fragen sollen nicht Öl ins Feuer der Kirchenkritik gießen, sondern sie sollen zu einer Besinnung über Wesen und Auftrag der Kirche anregen.

Kirche – Ursakrament

Sakrament – Zeichen und Wirklichkeit

In einer Kurzdefinition könnte man das Wesen eines Sakramentes so beschreiben: Das Sakrament ist ein sichtbares Zeichen für das unsichtbare Heilswirken Gottes in dieser Welt.

Die Kirche wird „Ursakrament" genannt. In ihr und durch sie werden die einzelnen Sakramente gespendet. Sie sind die Lebensvollzüge der Kirche.

Ich möchte diese Aussagen ein wenig aus dem Theoretischen herausholen und verdeutlichen. Wenn ich die Begriffe „Heimat" oder „Geborgenheit" höre, denke ich dabei wahrscheinlich an einen ganz konkreten Ort und an eine konkrete Gemeinschaft, wo ich diese Werte erleben kann. Diese Gemeinschaft (Familie, Freundeskreis, Ordensgemeinschaft, Pfarrgemeinde usw.) wird so für mich zum Symbol für Heimat und Geborgenheit. Wenn mich nun jemand befragt, wieso ich in dieser betreffenden Gemeinschaft Heimat erfahre, dann werde ich bestimmte Lebensvollzüge der Gemeinschaft aufzählen, in denen sich das Leben der Gemeinschaft äußert und worin ich zur Erfahrung von Heimat kommen kann. Ich werde etwa sagen: „In dieser Gemeinschaft bin ich angenommen, ich erfahre Hilfe in Notsituationen, ich erlebe Vergebung, wir feiern Feste . . ."

Wir könnten diese Erfahrungen auf die Kirche übertragen. Gott sagt uns sein Heil zu. Als Zeichen des Heiles steht vor uns die Kirche als jene Gemeinschaft, in der eben dieses Heil konkrete Gestalt annimmt. Jesus verheißt in Mk 16, 17f. denen, die glauben, daß folgende Zeichen geschehen werden: „In meinem Namen werden sie Dämonen austreiben; sie werden in neuen Sprachen reden; wenn sie Schlangen anfassen oder tödliches Gift trinken, wird es ihnen nicht schaden; und Kranke, denen sie die Hände auflegen, werden gesund werden."

Die Kirche in ihrer idealen Gestalt sollte also Zeichen, Symbol des Heiles sein; aber nicht bloß ein Zeichen, das auf das Heil hinweist, sondern ein Zeichen, in dem von diesem Heil bereits etwas erfahrbar wird. Ein Wegweiser ist nur ein Zeichen. Wenn ich mich in der Wüste einer Oase nähere und bereits vor einer Palme stehe, dann weist die Palme nicht nur darauf hin, daß ich ganz nahe bei der Oase bin, sondern in ihr drückt sich bereits etwas vom Leben der Oase aus. Es wäre also zuwenig, wenn die Kirche nur ein Zeichen wäre, das auf das Jenseits verweist, wo es uns einmal besser gehen wird, sondern die Kirche muß ein Zeichen vor der Welt sein, in der das Verheißene sich bereits verwirklicht. Darum nennen wir die Kirche Ursakrament. Wenn ein Sakrament ein sichtbares Zeichen für das Heilswirken Gottes ist, dann trifft dies vor allem auf die Kirche zu. Sie sollte jenen Ort, jene Gemeinschaft darstellen, in der das Heil erfahrbar ist und gelebt wird. G. Lohfink zeichnet in seinem Buch „Wie hat Jesus Gemeinde gewollt" die Kirche als „Kontrastgesellschaft". Sie hebt sich von der Umwelt, von der Gesellschaft ab und wird dadurch zum Zeichen des Neuen, das Gott in unserer Mitte wirkt.

Nach der Kurzdefinition des Sakramentes, die ich angeführt habe, unterscheiden wir bei einem Sakrament zwei Hälften: Das Zeichen im Bereich unserer Wirklichkeit, im Bereich unserer Wahrnehmung, zum Beispiel das Wasser der Taufe, das Brot der Eucharistie usw., und die zweite Hälfte, die eigentliche Wirklichkeit: das Heilswirken Gottes, auf das das Zeichen hinweist. Dieses Heil ist wohl erfahrbar, aber nicht mit unseren Sinnesorganen erfaßbar. Im theologischen Vokabular unserer Zeit finden wir immer häufiger Worte, wie Gotteserfahrung, Heilserfahrung, Glaubenserfahrung ... Gemeint ist damit, daß das von Gott uns versprochene Heil nicht bloß eine philsophisch-theologische Abstraktion darstellt, sondern daß dieses Heil erfahrbar sein muß. Dazu sind Zeichen nötig, die aus der neuen Wirklichkeit Gottes in unsere Wirklichkeit hereinreichen, sie durchdringen und verwandeln und die uns eben verkünden, daß Gott sein Heil wirkt. Man könnte einen ganz schlichten Vergleich mit einem

Kontrollinstrument an einem technischen Gerät anstellen. Die Kontrollampe zeigt mir an, daß im Inneren des Apparates ein Prozeß abläuft. Sehen kann ich nur die Lampe. Sie stellt die Verbindung zwischen der „unsichtbaren" Wirklichkeit im Inneren des Apparates und der für meine Augen sichtbaren Wirklichkeit her. So kündet mir das Sakrament ein Geschehen an, das sich meinen Sinnesorganen entzieht.

Die Kirche als Ursakrament ist der Ort und die Gemeinschaft, wo die Heilszusage Gottes erlebt und gelebt wird. Die Kirche als menschliche Gemeinschaft müßte sich von allen anderen Gemeinschaftsformen dadurch unterscheiden, daß sie ganz auf Gott hin lebt. Alle anderen Gemeinschaften leben auf den Menschen hin orientiert oder auf die Welt bezogen. Sie wollen aus eigener menschlicher Anstrengung ein friedliches, geglücktes Zusammenleben unter den Menschen ermöglichen. Damit sind sie geprägt von einem Bestreben zur Selbsterlösung. Dem steht die Haltung der Kirche entgegen. Die Kirche strebt das Unmögliche an, hält Unmögliches für möglich, nicht aus eigener Macht, sondern „weil bei Gott nichts unmöglich ist" – (vgl. Lk 1, 37) und „weil alles möglich ist für den, der glaubt" – (vgl. Mk 9, 23).

Kirche als Ort und Gemeinschaft, wo Unmögliches möglich wird

Stellen wir uns einen riesigen Wald vor, in dem sich eine Gruppe von Menschen verirrt hat. Jeder sucht einen Ausweg in einer anderen Richtung. Mitten unter den Umherirrenden bewegt sich eine kleine Gruppe zielstrebig gemeinsam in eine bestimmte Richtung. Das fällt in der allgemeinen Orientierungslosigkeit auf. Man befragt sie nach dem Grund, warum sie alle gemeinsam gerade diesen Weg für den richtigen halten. Sie zeigen als Antwort einen Kompaß, an dem sie sich orientieren.

Diese Aufgabe, als Gemeinschaft (oftmals in der Geschichte als verschwindend kleine Gemeinschaft) sich ganz auf Gott hin auszurichten, kam seit jeher dem Volk Gottes zu. Um die Aufgabe der Kirche als Ursakrament richtig verstehen zu können, ist ein kleiner Rückblick auf das alttestamentliche Gottesvolk nötig.

Gott hatte von Ewigkeit her einen Heilsplan für die Welt entworfen. Da der Mensch von seinem innersten Wesen her auf Gemeinschaft hin bezogen ist, so ist Unheil etwas, das immer die Gemeinschaft betrifft, und auch das Heil und die Erlösung sind nur von der Gemeinschaft her verstehbar. Die Gemeinschaft ist der Ort, wo sich das Heil vollzieht. Erlösung geschieht nicht so, daß die Menschen wie im Wartesaal eines Arztes sitzen, bis jeder an die Reihe kommt und geheilt wird. Sie geschieht auch nicht so, daß Gott von außen her durch ein sensationelles Wunder auf die Welt einwirkt, alles Unheil vom Tisch wischt und wieder einen paradiesischen Zustand herstellt.

Gott hat einen Traum von der Gemeinschaft des Menschen mit ihm; und Gemeinschaft mit Gott bedeutet auch Gemeinschaft mit den Mitmenschen. Dieser Traum von der Gemeinschaft Gottes mit den Menschen scheint in vielen prophetischen Texten durch. Es beginnt schon mit der Verheißung eines Landes an Abraham (Gen 12, 1–3 und Gen 13, 14–18). Ganz stark durchstrahlt vom Traum Gottes ist der Text Jes 35, 1–10, den ich hier deshalb zitieren möchte:

„Die Wüste und das trockene Land sollen sich freuen, die Steppe soll jubeln und blühen. Sie soll prächtig blühen wie eine Lilie, jubeln soll sie, jubeln und jauchzen. Die Herrlichkeit des Libanon wird ihr geschenkt, die Pracht des Karmel und der Ebene Scharon. Man wird die Herrlichkeit des Herrn sehen, die Pracht unseres Gottes. Macht die erschlafften Hände wieder stark und die wankenden Knie wieder fest! Sagt den Verzagten: Habt Mut! Fürchtet euch nicht! Seht, hier ist euer Gott! Die Rache Gottes wird kommen und seine Vergeltung; er selbst wird kommen und euch erretten. Dann werden die Augen der Blinden geöffnet, auch die Ohren der Tauben sind wieder offen. Dann springt der Lahme wie ein Hirsch, die Zunge des Stummen jauchzt auf. In der Wüste brechen Quellen hervor, und Bäche fließen in der Steppe. Der glühende Sand wird zum Teich und das durstige Land zu sprudelnden Quellen. An dem Ort, wo jetzt die Schakale sich lagern, gibt es dann Gras, Schilfrohr und Binsen. Eine Straße wird es dort geben; man nennt sie den Heiligen Weg. Kein Unreiner darf ihn betreten. Er gehört dem, der auf ihm geht. Unerfahrene gehen nicht mehr in die Irre. Es wird keinen Löwen dort geben, kein Raubtier betritt diesen Weg, keines von ihnen ist hier zu finden. Dort gehen nur die Erlösten. Die vom Herrn Befreiten kehren zurück und kommen voll Jubel nach Zion. Ewige Freude ruht auf ihren Häuptern. Wonne und Freude stellen sich ein, Kummer und Seufzen entfliehen."

Vor allem dann im sogenannten Deuterojesaja (Jes 40–55) klingt diese Sehnsucht Gottes, bei den Menschen zu wohnen, immer stärker durch. Es würde den Rahmen dieser Ausführungen bei weitem sprengen, auf alle Bibelworte einzugehen, die vom Traum Gottes, Gemeinschaft mit den Menschen herzustellen, sprechen.

Einen ganz tiefen prophetischen Abschluß findet dieses Thema in der Geheimen Offenbarung im Kapitel 21:

„Dann sah ich einen neuen Himmel und eine neue Erde; denn der erste Himmel und die erste Erde sind vergangen, auch das Meer ist nicht mehr. Ich sah die heilige Stadt, das neue Jerusalem, von Gott her aus dem Himmel herabkommen, sie war bereit wie eine Braut, die sich für ihren Mann geschmückt hat. Da hörte ich eine laute Stimme vom Thron her rufen: Seht, die Wohnung Gottes unter den Menschen! Er wird in ihrer Mitte wohnen, und sie werden sein Volk sein; und er, Gott, wird bei ihnen sein. Er wird alle Tränen von ihren Augen abwischen. Der Tod wird nicht mehr sein, keine Trauer, keine Klage, keine Mühsal. Denn was früher war, ist vergangen. Er, der auf dem Thron saß, sprach: Seht, ich mache alles neu!"

Dieser Traum Gottes vom Wohnen bei den Menschen blieb nicht bloß ein Traum, sondern Gott begann diesen Traum in die Tat umzusetzen. Gott berief sich ein Volk, in dem bereits in zeichenhafter und exemplarischer Weise etwas von der Nähe Gottes, von seinem Wohnen unter den Menschen spürbar wird. Dieses Wohnen Gottes unter den Menschen setzt ihren Glauben voraus. Nur im Glauben kann Gott erfahrbar werden, nur im Glauben können wir ihm Raum schaffen, daß er bei uns wohnen kann. So mußte Gott die Menschen im Glauben erziehen.

Vor uns tauchen die großen Gestalten des Glaubens auf. Lesen wir das ganze 11. Kapitel des Hebräerbriefes, das uns eine Liste von großen Glaubensvorbildern bringt. *Wer glaubt, der erwartet alles von Gott.* Das ist das entscheidende Kriterium, wodurch sich das Volk Gottes von allen anderen Völkern unterscheiden sollte. Die Ursünde des Menschen und jede weitere Sünde lassen sich auf den gemeinsamen Nenner bringen, daß es der Mensch in seiner Überheblichkeit und in seinem Mißtrauen Gott gegenüber nicht für nötig hielt, sich von ihm mit Heil, Leben, Glück, Frieden, usw. beschenken zu lassen, das heißt alles von Gott her zu erwarten, sondern daß er sich unabhängig machen wollte; er wollte sein Geschick selbst in die Hand nehmen. Damit begann eine totale Umpolung in der Denkweise. Es heißt nicht mehr: „Gut ist, was Gott verherrlicht!“, sondern: „Gut ist, was mir nützt!“

Wenn wir unsere gesellschaftlichen Systeme östlicher oder westlicher Prägung untersuchen, können wir in ihnen die Tendenz entdecken, sich von Gott unabhängig zu machen und das Paradies aus eigenen Kräften zu schaffen.

Der Mensch geht nur mehr von sich selbst aus. Alle Kräfte, die ihn zur Forschung, zur Wissenschaft und zu Entdeckungen antreiben, dienen letztlich dazu, sein Leben angenehmer zu gestalten oder die Annehmlichkeiten des Lebens anderen gegenüber zu verteidigen. Wo geschieht in unserer Welt etwas zur Ehre Gottes? Und genau mit dieser Frage müssen wir auch an die Kirche selbst herantreten. Was geschieht in der Kirche zur Ehre Gottes? Sicherlich werden uns da zunächst viele Antworten einfallen: Es werden Messen gefeiert, Kirchen gebaut, Gebete verrichtet. Aber verbirgt sich hinter all dem nicht oft wieder die Hoffnung des Menschen, hier eine bessere Methode gefunden zu haben, um eine neue Gesellschaft zu schaffen? Die erste Bitte im Vater unser lautet: „Geheiligt werde dein Name.“ Unser ganzes Leben sollte der Ehre Gottes dienen; und das nicht nur in einer privaten, introvertierten Weise, sondern zeichenhaft und zeugnishaft und in Gemeinschaft vor der Welt.

Gott begann sich ein Volk zu erziehen, das diesen missionarischen Auftrag vor allen anderen Völkern der Erde wahrnehmen sollte. In Ex 3, 14 nennt Gott dem Mose in der

Erscheinung im brennenden Dornbusch seinen Namen: „JAHWE – ICH-BIN-DA, ICH-BIN-FÜR-EUCH-DA“ Die Zusage, die in diesem Namen liegt, sollte das gesamte Verhalten des Volkes bestimmen. Dazu war ein pädagogischer Prozeß notwendig, der mit dem Ringen zwischen Gott und dem Pharao beginnt. Wo Menschen sich auf Gott ausrichten, beginnt ER zu handeln. Diese Ausrichtung auf Gott ist aber niemals privates Tun, sondern hat eine starke soziale Dimension und eine gesellschaftsverändernde Kraft, vor allem dann, wenn die Ausrichtung auf Gott in Gemeinschaft geschieht. In der Kurzformel sagte Mose zu den Israeliten: „Richtet euch auf Gott. Er nimmt euer Schicksal in die Hand.“

Sofort wird im Menschen der Einwand laut, das sei doch unmöglich. Wir hätten doch unsere Erfahrungen, was möglich und was unmöglich sei. Aber gerade darin, das Unmögliche für möglich zu halten, geschieht die Entstehung einer neuen Wirklichkeit. Das Volk Gottes, das ganz auf Gott ausgerichtet ist und von Gott her alles für möglich hält, wird durch diese Einstellung zu einer Kontrastgesellschaft. Während jede andere Gemeinschaft, jeder gesellschaftliche Zusammenschluß von Menschen eingegrenzt ist durch die menschlichen Möglichkeiten, gelten diese Grenzen für das Gottesvolk nicht. Und gerade dadurch wird es zum leuchtenden Zeichen vor der Welt.

Kaum waren die Israeliten aus Ägypten ausgezogen, änderte der Pharao seine Gesinnung, und es kam zu einer schweren Glaubensprobe für das junge Gottesvolk (Ex 14, 5–31). Sobald Israel sich auf sich selbst konzentrierte, gab es nur Angst, Panik und Kapitulation. Sobald es sich aber auf Gott ausrichtete und seine Ehre suchte, galt das, was Gott durch Mose sagen ließ: „Fürchtet euch nicht! Bleibt stehen! Schaut zu, wie der Herr euch heute rettet. Wie ihr die Ägypter heute seht, so seht ihr sie niemals wieder. Der Herr kämpft für euch, ihr könnt ruhig abwarten“ – (Ex 14, 13f.). Wenn die Israeliten im Glauben ganz auf Gott ausgerichtet waren, dann übernahm Gott für sie die Verantwortung und konnte in ihrer Mitte wohnen und wirken. Denn Gott kann nur so viel wirken, wie wir ihm im Glauben zutrauen. Zu spät erkannten die Ägypter, daß sie es hier nicht mit einer

Schar geflüchteter Sklaven zu tun hatten, sondern daß Gott selbst hier am Werk war – (Ex 14, 25). Auch der Zug durch die Wüste war ein Prozeß, in dem Gott sein Volk im Glauben erziehen wollte. Mit dem Gesetz, das er seinem Volk am Berg Sinai gab und auf das er es verpflichtete, hatte Gott eine neue Gesellschaft begründet, eine Modellgesellschaft, die zum Zeichen und zum Ärgernis unter den Völkern wurde.

Für das Volk Israel hatte die Ausrichtung auf Gott recht konkrete Folgen, wie es in Deut 7, 12–19 ausgedrückt wird:

„Wenn ihr diese Rechtsvorschriften hört und auf sie achtet und sie haltet, wird der Herr, dein Gott, dafür auf den Bund achten und dir die Huld bewahren, die er deinen Vätern geschworen hat. Er wird dich lieben, dich segnen und dich zahlreich machen. Er wird die Frucht deines Lebens und die Frucht deines Ackers segnen, dein Korn, deinen Wein und dein Öl, die Kälber, Lämmer und Zicklein, in dem Land, von dem du weißt: Er hat deinen Vätern geschworen, es dir zu geben. Du wirst mehr als die anderen Völker gesegnet sein. Weder Mann noch Frau noch Vieh, nichts wird bei dir unfruchtbar sein. Alle Krankheiten wird der Herr von dir ablenken. Keine der schweren ägyptischen Seuchen, die du kennst, wird er dir auferlegen, sondern über alle deine Feinde wird er sie bringen. Du wirst alle Völker verzehren, die der Herr, dein Gott, für dich bestimmt. Du sollst in dir kein Mitleid mit ihnen aufkommen lassen. Und du sollst ihren Göttern nicht dienen; denn dann liefest du in eine Falle.

Wenn du überlegst: Diese Völker sind größer als ich – wie sollte ich sie vertreiben können? – dann sollst du vor ihnen keine Furcht haben. Du sollst an das denken, was der Herr, dein Gott, mit dem Pharao und mit ganz Ägypten gemacht hat: an die schweren Prüfungen, die du mit eigenen Augen gesehen, an die Zeichen und Wunder, an die starke Hand und an den hocherhobenen Arm, mit denen der Herr, dein Gott, dich herausgeführt hat. So wird es der Herr, dein Gott, mit allen Völkern machen, vor denen du Furcht hast." Wenn wir heute vom neuen Gottesvolk reden, von Vertrauen und Glauben, dann räumen wir diesen Werten einen bestimmten Bereich in unserem Leben ein. Die Verheißungen Gottes beziehen sich aber auf den ganzen Menschen und nicht nur auf einen bestimmten Sektor des Lebens.

Israel hat versagt, Modellgesellschaft Gottes zu sein. Die Israeliten haben im Glauben versagt, sie sind immer wieder bei den menschlichen Möglichkeiten und vor allem bei den Unmöglichkeiten stehengeblieben. So konnte sich der Traum Gottes nicht verwirklichen. Jesaja spricht immer wieder vom heiligen Rest, der übrigbleiben wird – (Jes 4, 3; 28, 5–6). Jesus hat den heiligen Rest der zwölf Stämme gesammelt, zeichenhaft in der Berufung der zwölf Apostel. Aber auch sie waren bis zur Ausgießung des Geistes nicht in der Lage, das Neue (= die Gottesherrschaft) anzunehmen. Nun liegt auf der Kirche der Auftrag, als das neue Gottesvolk vor der gesamten Welt zu bezeugen, daß Gott am Werk ist und daß er mitten unter jenen lebt und wirkt, die von Gott her im Glauben alles für möglich halten. Es gibt genügend Unmögliches. So scheint es mehr und mehr unmöglich zu sein, der Gewalt ein Ende zu setzen. Jesus, der Gewaltlose schlechthin, hat uns den Weg gewiesen, den wir nicht in heroischer Ergebenheit, sondern im Glauben und in der Gewißheit der Nähe Gottes gehen sollen.

„Was kann uns scheiden von der Liebe Christi? Bedrängnis, Not oder Verfolgung, Hunger oder Kälte, Gefahr oder Schwert? All das überwinden wir durch den, der uns geliebt hat. Denn ich bin gewiß: Weder Tod noch Leben, weder Engel noch Mächte, weder Gegenwärtiges noch Zukünftiges, weder Gewalten der Höhe oder der Tiefe, noch irgendeine andere Kreatur können uns scheiden von der Liebe Gottes, die in Christus, unserem Herrn, ist" – (Röm 8, 35.37–39). Eine Gemeinschaft, von einer solchen Glaubensgewißheit geprägt, wird unantastbar und unerreichbar für die Mächte dieser Welt. Das römische Weltimperium ist mit all seinen Machtmitteln vergeblich dagegen Sturm gelaufen. Wir müßten uns fragen, wieso diese winzige jüdische Sekte, wie die Christen anfangs bezeichnet wurden, ein solches Ärgernis im römischen Staatsapparat darstellten, wo doch die Römer eine große Toleranz anderen Religionen und Weltanschauungen gegenüber ausübten. Hier ging es aber nicht um irgendeine Religion, um irgendein theologisch-philosophisches System, hier ging es um das Licht der Wahrheit. Dieses Licht drang in die Dunkelheit des Lügensystems ein und entlarvte alles. Deshalb mußte dieses Licht vernichtet werden. Nicht die

Überzeugungskraft der ersten Christen, nicht die Phantasie oder Redegewandtheit hat so herausgefordert, sondern weil in der Begegnung mit diesen Menschen spürbar wurde, daß Gott selbst hier am Werk war.

Wir können die Echtheit christlicher Gemeinschaften daran erkennen, ob sie ganz auf Gott hin leben und in allem seine Ehre suchen und vor allem das Unmögliche für möglich halten. Wo das geschieht, wird die Kirche zum Ursakrament des Heiles. Wir müssen einerseits feststellen, daß die Kirche vor allem in den westlichen Ländern ein Subsystem in der menschlichen Gesellschaft wurde, weil die Christen verschiedenen Versuchungen erlegen sind. Die Versuchung zum Reichtum hat zu einer materiellen Absicherung im Risiko des Glaubens geführt. Man sagt nicht mehr: „Suchet zuerst das Reich Gottes, seine Ehre und seine Gerechtigkeit, alles andere wird euch dazugegeben werden" – (Mt 6, 33), sondern es wird die materielle Absicherung als Verherrlichung Gottes gedeutet. Die Versuchung zur Anbiederung und Verbündung mit dem Staat hat die Kirche weitgehend in eine Unfreiheit geführt. Aus der Unfähigkeit, von Gott her alles zu erwarten, hat man sich oft im Rahmen politischer Möglichkeiten abgesichert.

Die Versuchung zur Macht hat die Kirche oft den Auftrag zur Gewaltlosigkeit und das gewaltlose Beispiel ihres Stifters vergessen lassen.

Als Franz von Assisi mit seinem Wunsch, die Bergpredigt ganz radikal zu leben, vor dem Papst stand, schien es den Kirchenfürsten unmöglich, was Franziskus leben wollte; aber hätten sie seinen Wunsch abgelehnt, so hätten sie das Evangelium als eine für Menschen unerfüllbare Forderung erklärt. Das Evangelium scheint zwar für Menschen unerfüllbar, nicht aber für den, der sich im Glauben Gott öffnet. Immer wieder hat man versucht, die Bergpredigt durch interpretatorische Tricks zu entschärfen. In dem von A. Schraner im Jahr 1975 herausgegebenen „Katholischen Katechismus", der sogar mit einem Empfehlungsschreiben von Kardinalstaatssekretär J. Villot versehen ist, heißt es:

Frage: „Sind die Anweisungen in der Bergpredigt (Mt 5–7) wörtlich zu nehmen?"

Antwort: „Die Anweisungen in der Bergpredigt sind nicht

wörtlich zu nehmen, weil das sowohl im privaten wie im öffentlichen Leben zu unhaltbaren Zuständen führen würde."

Es trifft hart, eine solche Ablehnung oder Verwässerung der Bergpredigt zu hören. Und solche Deutungen finden offene Ohren bei vielen Menschen, weil sie sich dadurch von der Verpflichtung, ihr Leben zu ändern (= Umkehr), entbunden fühlen. Immer schon war diese Versuchung da, der Forderung des Evangeliums durch geschickte Umdeutung zu entgehen. So schreibt schon Paulus an Timotheus:

„Ich beschwöre dich bei Gott und bei Christus Jesus, dem kommenden Richter der Lebenden und der Toten, bei seinem Erscheinen und bei seinem Reich: Verkünde das Wort, tritt dafür ein, ob man es hören will oder nicht; weise zurecht, tadle, ermahne in unermüdlicher und geduldiger Belehrung. Denn es wird eine Zeit kommen, in der man die gesunde Lehre nicht erträgt, sondern sich nach eigenen Wünschen immer neue Lehrer sucht, die den Ohren schmeicheln; und man wird der Wahrheit nicht mehr Gehör schenken, sondern sich Fabeleien zuwenden. Du aber sei in allem nüchtern, ertrage das Leiden, verkünde das Evangelium, erfülle treu deinen Dienst" – (2 Tim 4, 1–5).

Wir würden uns aber nun in die Schar müder und trübseliger Kirchenkritiker einreihen, sähen wir nur die Mängel. Die Kirche war, wenn auch nicht in all ihren Gliedern, durch alle Jahrhunderte leuchtendes Zeichen der Hoffnung, Stadt auf dem Berg, Salz der Erde, Licht der Welt. Und gerade das, was der Geist Gottes seit dem II. Vaticanum bewirkt hat, ist Anlaß genug zu großer Hoffnung. Ein Aufbruch sondergleichen durchzieht die Weltkirche. Tausende Menschen und vor allem Jugendliche wollen „alternativ" leben. Und hier liegt eine große Chance und Aufgabe der Kirche: nicht bloß eine unverbindliche „alternative" Lösung oder Lebensweise anzubieten, sondern *die* Alternative zu allen anderen darzustellen und vorzulegen – wenn auch in Unzulänglichkeit: in der kindlichen, gläubigen Offenheit für Gott sein Heilswirken an uns und an der ganzen Schöpfung zu erwarten. Damit wird die Kirche wieder Ursakrament. Denn das Heil von Gott zu erwarten, ist keineswegs eine Tatenlosigkeit, sondern indem ich Gott handeln lasse, bin ich durch meinen Glauben höchst aktiv.

Ich möchte dieses Kapitel mit der Schriftstelle Mk 4, 35–41 abschließen. „Am Abend dieses Tages sagte er zu ihnen: Wir wollen ans andere Ufer hinüberfahren. Sie schickten die Leute fort und fuhren mit ihm in dem Boot, in dem er saß, weg: einige andere Boote begleiteten ihn. Plötzlich erhob sich ein heftiger Wirbelsturm, und die Wellen schlugen in das Boot, so daß es sich mit Wasser zu füllen begann. Er aber lag hinten im Boot auf einem Kissen und schlief. Sie weckten ihn und riefen: Meister, kümmert es dich nicht, daß wir zugrunde gehen? Da stand er auf, drohte dem Wind und sagte zu dem See: Schweig, sei still! Und der Wind legte sich, und es trat völlige Stille ein. Er sagte zu ihnen: Warum habt ihr solche Angst? Habt ihr noch keinen Glauben? Da ergriff sie große Furcht, und sie sagten zueinander: Was ist das für ein Mensch, daß ihm sogar der Wind und der See gehorchen?"

Finden wir uns nicht mit unserer heutigen gesellschaftlichen, wirtschaftlichen, politischen und auch kirchlichen Situation in den Jüngern im Seesturm wieder? Solange die Jünger selber das Boot zu retten versuchten, blieb ihre Aktivität erfolglos. Der erste Schritt war, sich an Jesus zu wenden. Auch wenn die Jünger sicher keine Vorstellung hatten, wie Jesus helfen sollte, war gerade die Hinwendung zu Jesus das Entscheidende. Sie trauten ihm zu, daß er einen Ausweg aus der Ausweglosigkeit schaffen könnte.

Trauen wir Jesus zu, daß er unser Wahnsinns-Wettrüsten und die Weltfriedensprobleme lösen kann? Oder sind wir noch in der Phase, wo die Jünger selbst das Wasser aus dem sinkenden Boot schöpfen?

Trauen wir Jesus zu, daß er unsere immer drückender werdenden Umweltprobleme lösen kann? Oder versuchen wir mit ein bißchen „grünem Anstrich" die Dinge selbst in den Griff zu bekommen?

Trauen wir Jesus zu, daß er unsere kirchlichen Probleme – Priestermangel, religiöse Verflachung, Kirchenaustritte, Vormarsch des Aberglaubens und der Sekten – lösen kann? Oder gestehen wir uns bloß noch nicht ein, daß unser Glaube nicht einmal so groß wie ein Senfkorn ist (vgl. Lk 17, 6) und daß er keine Kraft zur Veränderung der Welt in sich trägt, weil wir Gott zu wenig zutrauen.

Je mehr wir uns im Glauben Gott zuwenden, umso mehr

wird er sich durch uns der Welt zuwenden. So ist der echte Glaube, der Gott alles zutraut, keine Flucht vor der Weltverantwortung, sondern Verantwortung für die Welt und Mitgestaltung an der neuen Welt nach dem Traum Gottes.

Amt – Institution – Kirche

In einer sehr heftigen Diskussion, wo es um verschiedene Mißstände in der Kirche ging, hatte ich versucht, die Idee zu entwickeln, die ich im vorigen Abschnitt dargestellt habe: „Kirche als Ort der Gemeinschaft, wo Unmögliches möglich wird." Ein Jugendlicher entgegnete mir: „Meine Kirchenerfahrungen, besonders meine Erfahrungen mit Pfarrgemeinde und mit kirchlichen Amtsträgern haben mich aber zu der gegenteiligen Erfahrung gebracht: Kirche ist für mich der Ort, wo Mögliches unmöglich wird."

Ich glaube, daß dieser Jugendliche mit seiner leidvollen Erkenntnis nicht einen Einzelfall darstellt. Eine unübersehbare Schar von Menschen, die aus der Kirche ausgetreten sind, teilt diese negativen Erfahrungen. Wie ist das also mit der Kirche? Gibt es sie nur als Wunschtraum, als Ideal, als Theorie? Der Slogan „Christus Ja – Kirche Nein" greift heute immer mehr um sich, nicht nur unter Jugendlichen. Vor allem das, was nach Amt, Gesetz und Institution „riecht", wird skeptisch betrachtet, geprüft und oft abgelehnt. Steht das Amt in der Kirche der Wirkung des Heiligen Geistes und der inneren Erneuerung im Wege?

Das sind ganz entscheidende Fragen, die sich für beide Seiten stellen, sowohl für die Amtsträger wie auch für die Kirchenkritiker. Die Aufbruchsbewegungen, die immer mehr anwachsen, verschärfen diese Fragestellung natürlich noch mehr. Gerade die Aufbruchsbewegungen erzeugen oft Ratlosigkeit und Skepsis, weil da plötzlich in der Kirche etwas entsteht, was nicht amtlich beschlossen, gegründet und beglaubigt wurde – (Darf denn das sein?).

Ich möchte eine Beantwortung dieser so aktuellen und

wichtigen Frage versuchen und mit einem Vergleich beginnen. Stellen wir uns ein hübsches Mädchen vor, gut aussehend und attraktiv, so daß bei ihrem Anblick das Herz eines jeden jungen Mannes höher schlägt. Stellen wir uns als Kontrast dazu ein menschliches Skelett vor, z. B. im Naturhistorischen Museum. Das Skelett ist abschreckend, und es gruselt mir, wenn ich in die leeren Augenhöhlen schaue. Was ist der Unterschied? Das hübsche Mädchen hat ja auch ein solches Skelett in sich verborgen. Der Unterschied besteht darin, daß in dem einen Fall das Skelett sichtbar und im anderen Fall das Skelett eingehüllt wird. Auf dieses „Drumherum" kommt es offensichtlich an, damit das Skelett hübsch und attraktiv wird. Wenn das Mädchen abmagert und seine Formen verliert, dann wird plötzlich das Skelett sichtbar; das Anziehende und Anmutige ist verschwunden.

Genauso trägt es sich mit der Kirche zu. Sie soll die wunderschöne Braut sein, die sich für ihren Bräutigam geschmückt hat – (vgl. Offb 21, 2). Aber wenn die Braut dürr und mager ist wie ein Besenstiel, dann kann sie noch so viel restaurieren, vergolden, barocken Schmuck tragen, sie wird häßlich bleiben wie ein Skelett. Wenn die Kirche erkrankt, abmagert, d. h. wenn das geistliche Leben, das Gemeinschaftsleben, die Verwirklichung der Sakramente abnehmen, dann kommt das Skelett zum Vorschein. Das Skelett ist eckig und hart, da stößt man sich dran, die Begegnung mit dem Skelett kann verletzend werden. Das Skelett ist aber notwendig; stellen wir uns vor, wir würden dem hübschen Mädchen, von dem anfangs die Rede war, das tragende Skelett aus dem Körper entfernen. Die ganze Schönheit wäre dahin. So kann auch der Leib der Kirche nicht ohne das tragende Skelett, das kirchliche Amt existieren. Entscheidend ist das rechte Verhältnis von Skelett und Körper. Wir sind das „Drumherum" in diesem Körper. Ohne Sehnen und Muskeln kann sich das beste Skelett nicht bewegen. Um die Kirche also attraktiv zu machen, müssen wir das Skelett einhüllen und in organischer Zusammenwirkung ein Ganzes entstehen lassen. Wenn z. B. eine Pfarrgemeinde leblos wirkt, wenn es kein Gemeindeleben gibt, dann bleibt nur noch die Pfarrkanzlei übrig: Archive, Matrikenbücher, Dokumente, Buchhaltung, Verwaltung . . . Da schauen bereits die Knochen aus dem Leib heraus. Wie anders wird es, wenn wir die Erfahrung einer lebendigen Gemeinde machen, wo Herzlichkeit und Brüderlichkeit gelebt werden; da fällt einem gar nicht auf, daß dieses anziehende Pfarrleben auch eine Verwaltung und eine Organisation hat; denn das tragende Skelett wird eingehüllt von Geist und Leben.

So betrachtet, trifft die Kritik am Amt, an der kirchlichen Hierarchie, an der Institution immer uns selbst. Denn das Skelett ist von seinem Wesen her eben Skelett und kann sich nicht selbst attraktiv machen. Wenn ein Mädchen durch Magersucht oder sonst eine Krankheit abgemagert und unansehnlich wurde, dann sieht es sich gezwungen, sich durch Schmuck, Make-up und Mode „aufzufrisieren". Die intensiven Restaurierungstätigkeiten in vielen Pfarren an Gebäuden, Orgeln und Kunstgegenständen sind die kosmetischen Versuche, das immer stärker zum Vorschein kommende Skelett zu verbergen. Der Prophet Ezechiel hatte einmal eine Vision von einem großen Feld voller Gebeine. Durch den Auftrag Gottes sollte er ein Machtwort über die Gebeine sprechen. Da rückten die Knochen zusammen, bildeten Skelette, es entstanden Sehnen und Muskeln und Haut überzog das Ganze. Zuletzt fuhr der Geist Gottes als Sturmwind in die toten Leiber, um sie zu beleben – (vgl. Ez 37, 1–14). Ich glaube, daß wir die Vision des Ezechiel auch für diese Ausführungen über die Kirche heranziehen dürfen. Der Geist Gottes erbarmt sich immer wieder der abgemagerten Braut und gibt ihr heilende und kräftigende Nahrung, damit sie wieder schön und anziehend wird.

Was sich heute an geistlicher Erneuerung und religiösem Aufbruch ereignet, ist einzigartig in der gesamten Kirchengeschichte. Es gab zwar in den 2000 Jahren der Kirchengeschichte immer wieder starke geistliche Impulse; aber die waren doch meist lokal begrenzt auf ein Gebiet, ein Land oder höchstens auf einen Kontinent. Heute aber wird die gesamte Welt von diesem Aufbruch erfaßt. Der Cursillo z. B. wird in etwa 2000 Diözesen in der ganzen Welt durchgeführt. Noch stärker aber ist der weltumspannende Impuls im charismatischen Aufbruch spürbar. Wir müssen sicher zu einer neuen Sicht vom Verhältnis Amt–Charisma kommen. Unter Charismen sind die frei gelebten und ausgeübten

Geistesgaben zu verstehen – (Näheres dazu im 3. und im 8. Kapitel).

Im März 1980 hat sich der Weltkirchenrat mit der Frage nach der „Bedeutung der Charismatischen Erneuerung“ für die Kirche befaßt. Die Deutsche Bischofskonferenz hatte in fünfjähriger Arbeit Informationen und Erfahrungen in bezug auf die charismatische Erneuerung gesammelt und im Mai 1981 ein Dokument vorgelegt: „Erneuerung der Kirche aus dem Geist Gottes.“

Vielerorts herrscht angesichts des starken Anwachsens der Erneuerungsbewegungen bei den Amtsträgern der Kirche Vorsicht und oft auch Ratlosigkeit. Wie soll man diesen Aufbruch deuten? Auf der einen Seite müssen wir feststellen, daß die Kirchenaustritte immer mehr ansteigen und daß eine stille Emigration stattfindet; auf der anderen Seite finden wir eine starke Zuwanderung in den Kern der Kirche und das weltweit.

In dieser Tatsache liegen ungeheure Hoffnungen, daß die Kirche, nachdem sie durch eine gewaltige Abmagerungskur gegangen ist, nun zu neuem Leben erstarkt, um vor der Welt ein Zeugnis der Hoffnung geben zu können. Aber es liegen auch große Gefahren darin verborgen. In der Kirchengeschichte haben große Aufbrüche und Reformbestrebungen oftmals zu Spaltungen geführt und Sekten erzeugt. Zeichen der Echtheit des Aufbruches, den wir heute erleben dürfen, sind:

Intensives Bemühen um die Einheit der Kirche, Verbindung von Glaube und Leben (= christliche Weltverantwortung), alternativer Lebensstil im umfassenden, christlichen Sinn, Teilen mit den Notleidenden, Einsatz für Gerechtigkeit und Frieden. An den Früchten wird man Qualität und Echtheit einer Sache erkennen, sagte Jesus selbst – (vgl. Mt 12, 33). Die oben genannten Früchte sprechen sehr für die Echtheit und für das Wirken des Heiligen Geistes.

An uns allen liegt es, die Kirche attraktiver zu gestalten. Kritik nützt nichts. Ich, du, wir müssen handeln. „Herr, erneuere deine Kirche und fange bei mir an.“

MARIA – URBILD DER KIRCHE – VERWIRKLICHTER TRAUM GOTTES

Das 8. Kapitel der Konstitution über die Kirche bezeichnet Maria als Urtyp der Kirche. Damit ist gemeint, daß sich in Maria in reinster und vollkommenster Weise das verwirklichte, was eigentlich in jedem Glaubenden geschehen sollte: Ganz offen sein für den Willen Gottes. Ihre Reaktion auf die Verkündigung drückt ihre tiefste Glaubenshaltung am deutlichsten aus: „An mir geschehe, wie du gesagt hast" – (Lk 1, 38). Wenn wir wirklich Kirche im eigentlichen Sinn – so wie sie Jesus gemeint und wie sie Gott geträumt hatte – werden wollen, so orientieren wir uns am besten an der Glaubenshaltung Mariens, weil sie eben wie kein anderer Mensch Kirche war. Ich möchte drei Punkte an der Haltung Mariens herausgreifen und sie folgendermaßen benennen:

Mut zur Stille, Mut zur Armut, Mut zum Warten.

Maria zählte zu den sogenannten „Stillen im Lande" – eine Frömmigkeitshaltung, in der die Menschen im vertrauensvollen Gebet den Messias erwarteten und erhofften. Maria war eingeübt ins Hören. Stille bedeutet ja nicht bloß das Gegenteil von Lärm. Schweigen ist nicht bloß nichts reden. Echtes Hören, ein in sich Hineinhorchen, setzt die Bereitschaft zum Gehorchen voraus. Gerade in diesem Punkt haben wir eine Orientierung an Maria nötig. Der Mensch von heute kommt nicht mehr zur Ruhe. Er hat Angst vor dem Hinhorchen, Angst davor, etwas zu hören, was ihn aus seinem gewohnten Geleise herausreißt, das ihn fordert oder überfordert. Und ohne daß dies recht bewußt wird, erschlägt den Menschen die Stille. Der Griff zum Einschaltknopf des Radios oder des TV-Gerätes ist zur häufigsten Geste geworden. Wenn ich von Gott etwas hören will, muß ich außen und innen still werden. Hätte Maria nicht eine Fähigkeit zum Hinhören gehabt, hätte sie das Angebot von der Menschwerdung nicht wahrnehmen und nicht annehmen können. Wir lesen den Bericht in Lk 1, 26–38 viel zu selbstverständlich: Der Engel kam, überbrachte die Botschaft; Maria sagte ja, der Engel verließ sie wieder. So komplikationslos vollzog sich das gewiß nicht. Ich glaube, daß im

Hinhören auf Gott in Maria die Bereitschaft da war, von Gott Überraschendes und auch in unserer Vorstellung Unmögliches zu hören. Wenn wir von Gott her in unserem Hinhorchen zu wenig Überraschung, zu wenige Wunder erleben, so liegt es daran, weil unser Mangel an Glauben, unser Mißtrauen und unsere Ängstlichkeit diese Wunder, diese Unmöglichkeiten ausfiltern. Bei der Hochzeit in Kana (Joh 2, 1–12) erwartete Maria in der ausweglosen Lage, daß Jesus Hilfe schaffen könnte. „Sie haben keinen Wein mehr" – (Joh 2, 3), und selbst auf die Zurechtweisung durch Jesus hin bleibt ihr Glaube an seine Hilfe ungebrochen: „Was er euch sagt, das tut!" – (Joh 2, 5).

Mut zur Armut meint nicht so sehr die materielle Armut, wenngleich Maria sicherlich aus sehr ärmlichen Verhältnissen stammte. Arm sein bedeutet hier, die eigenen Grenzen erleben und sie annehmen. Maria erlebte ihre Armut und Unfähigkeit, die geheimnisvolle Schwangerschaft ihrem Bräutigam zu erklären. Sie erlebte die Unmöglichkeit, mit dem Kind einen würdigen Ort zur Geburt zu bewohnen. Sie mußte mit dem Kind das Flüchtlingsschicksal durchmachen. Die letzte Armut erlebte sie im Scheitern ihres Sohnes am Kreuz von Golgota. Nichts ändern können, tatenlos zusehen müssen. Nicht in einer Verbitterung, in einer Resignation, in stoischer Ergebenheit, sondern im Glauben, daß Gott auch darin sein Heil wirkt. Gerade im Mut zur Armut, in diesem demütigen, gläubigen Annehmen der Grenzsituationen, der Unmöglichkeiten wird der einzelne zum Zeugnis, und vor allem die Gemeinde, die Kirche hebt sich darin von dieser Welt ab, die in den Grenzen und Möglichkeiten dieser Welt daher noch handeln kann.

Mut zum Warten bedeutet zu glauben, daß Gott eine andere Zeitrechnung hat als wir. Der richtige Zeitpunkt von Gott her stimmt oft nicht mit unseren Träumen und Erwartungen überein. Das Leben Mariens war wirklich geprägt vom Warten auf das Handeln Gottes. Zunächst ein Warten auf das Heil, dazu dann wieder ein Warten auf das rettende Handeln Gottes: daß Gott dem Josef im Traum die Zusammenhänge erklärte; ein Warten in Ägypten auf die Heimholung; ein jahrelanges Warten, daß in dem Handwerkersohn, der im Verborgenen lebte, das messianische Wirken zum Durchbruch käme; ein Warten, daß die Menschen Jesu Wort und Liebe annähmen; ein Warten auf einen Ausweg aus der Katastrophe des Kreuzestodes, ein betendes Warten in der Gemeinschaft der Apostel auf die Aussendung des Heiligen Geistes . . .

Der Mut zum Warten ist ein ganz starkes Zeichen des Glaubens. Ich bin gewiß, daß Gott uns nicht vergessen hat, sondern daß er nach anderen Zeitmaßstäben handelt.

Wo einzelne und vor allem wo Gemeinschaften von diesen Eigenschaften geprägt sind, vom Mut zum Hinhorchen, vom Mut zum Annehmen der Armut und vom Mut zum Warten auf das Heilswirken Gottes, dort lebt Kirche.

Taufe – das Ja Gottes zum Menschen

Die schöpferische Macht des Wortes

Wir sind es gewohnt, wirkungslose Worte auszusprechen, Worte, die scheinbar gegen die Wand gesprochen sind und die im Adressaten nichts auslösen und bewirken. Gottes Wort hat die Macht, eine neue Schöpfung erstehen zu lassen. Ich möchte dazu einen Vergleich bringen:

Zwei junge Menschen standen kurz vor der Heirat. Da hatte der junge Mann einen schweren Verkehrsunfall. Er erlitt eine Querschnittlähmung, die unheilbar war. Da lag er nun im Spital, völlig verzagt und harrte dem Besuch seiner Braut entgegen. Wird sie mich jetzt noch heiraten wollen? Wird sie ein Leben lang einen Krüppel pflegen? Solche Fragen quälten ihn. Für ihn waren alle Träume und Hoffnungen in bezug auf seine künftige Ehe zerbrochen. In ihm war alles leer und tot. Und dann kam seine Braut. Sie trat an sein Bett, blickte ihn an und ergriff seine Hand. Dann sagte sie: „Was auch immer sein mag, ich stehe unverändert zu dir.“ Mit einem Schlag war neues Leben im Herzen dieses Mannes. Hoffnungen und Pläne waren wieder da. Aus Dunkelheit und Verzweiflung war Licht und Hoffnung geworden. Dies alles hatte das Wort eines Menschen bewirkt. Wir dürfen sagen, das Wort hatte etwas Neues geschaffen.

Um wieviel größer und wunderbarer muß die Schöpfermacht Gottes sein, wenn er sein Wort spricht. Im Schöpfungsbericht der Hl. Schrift heißt es immer wieder: „Gott sprach: ‚Es werde . . . und es ward . . .‘.“Am obigen Beispiel sehen wir, daß schon das menschliche Wort die Kraft hat, eine neue Wirklichkeit, eine neue Schöpfung entstehen zu lassen, wenn dieses Wort von Vertrauen und Liebe erfüllt ist.

Gottes Wort ist durch und durch Liebe; es hat die Macht, eine neue Schöpfung aus dem Nichts unserer Sünde, unserer Ängste und unserem Mißtrauen entstehen zu lassen. Wo Gott sein Wort der Liebe an einen Menschen richtet, da bricht in ihm die neue Schöpfung an, sofern er dieses Wort im Vertrauen aufnimmt.

Die Taufe Jesu

Wir können das Taufsakrament und seine Bedeutung für uns persönlich nur von der Taufe Jesu her zu verstehen versuchen. Gehen wir wieder zunächst vom biblischen Text der Taufe Jesu in Mk 1, 9–11 aus: „In jenen Tagen kam Jesus aus Nazaret in Galiläa und ließ sich von Johannes im Jordan taufen. Und als er aus dem Wasser stieg, sah er, daß der Himmel sich öffnete und der Geist wie eine Taube auf ihn herabkam. Und eine Stimme aus dem Himmel sprach: Du bist mein geliebter Sohn, an dir habe ich Gefallen gefunden." Bevor ich auf die Geschehnisse bei der Taufe näher eingehe, möchte ich die Tatsache hervorheben, daß Jesus sich überhaupt taufen ließ. Johannes hatte aufgerufen zur Umkehr; und als Zeichen der Umkehrbereitschaft ließen die Menschen sich taufen. Hatte Jesus eine Umkehr nötig? War seine Taufe nicht bloß ein äußerliches Sich-Gleichstellen? Der Grund, warum Jesus sich taufen ließ, läßt sich nur verstehen, wenn wir die gesamte Menschheit in ihrer schicksalhaften Verbundenheit betrachten. Kein Mensch kann etwas „Privates" tun. Dieses Denken ist uns zwar verlorengegangen, obwohl heute die ganze Menschheit durch die Massenkommunikationsmittel engstens miteinander verbunden ist, sind wir doch zerteilter denn je zuvor. Der Egoismus und unheilvolle Individualismus hat alle Lebensbereiche durchdrungen und uns die irrige und lebensgefährliche Meinung suggeriert, wir seien „Privatmenschen". Die Menschen leben in einer Schicksalsgemeinschaft, in der sie auf Gedeih und Verderb miteinander verbunden sind. Heute erahnen wir etwas von dieser Verbindung und gegenseitigen

Verantwortlichkeit z. B. im Bereich der Umweltkatastrophen. Wenn jemand sich als Privatmensch fühlt, Giftmüll wegwirft und damit das Trinkwasser für Tausende Menschen verseucht, so kann man hier nicht mehr von privater Entscheidung reden. Wir werden im Zusammenhang mit dem Sakrament der Eucharistie und mit dem Bußsakrament noch näher auf diese solidarische Verbundenheit in Heil und Unheil zu sprechen kommen. Wenn Jesus ganz Mensch war, so war er damit auch hineinverwoben in das Unheil, das aus der Abwendung des Menschen von Gott resultierte. Er setzt nun ein prophetisches Zeichen der Hinwendung. Und dies kann nicht sein privates Tun bleiben, sondern es betrifft die ganze Menschheit mit. Einer aus unserer Familie hat sich jetzt Gott zugewendet und die Notwendigkeit, das Heil von Gott her zu erwarten, durch die Taufe zum Ausdruck gebracht. Und Gott gibt zur Antwort: „Du bist mein geliebter Sohn, an dir habe ich Gefallen gefunden." Das ist die Zusage der Liebe, die Gott nie mehr zurücknimmt, auch wenn sich der Mensch total von Gott abwendet. Sein Angebot ist unzerstörbar. Der Himmel steht offen, die Fülle des Hl. Geistes strömt herab. Der Traum Gottes beginnt Wirklichkeit zu werden. Wenn eine Kette am Boden liegt, kann sie frei hin und her bewegt werden. Wenn die Kette aber mit einem ihrer Glieder verankert wird, so ist damit die ganze Kette verankert. Jesus wurde einer von uns, er ist ein Glied in der Kette der Menschenfamilie. Er hat sich ganz auf Gott ausgerichtet und sich in ihm verankert. Daher sind wir alle mitbetroffen. Paulus spricht immer wieder von dieser Schicksalsgemeinschaft mit Christus, vor allem im Römerbrief – (Röm 6, 3–11).

In Jesus hat Gott sein JA-Wort der Liebe zu jedem Menschen gesprochen, weil Gott nicht einen einzelnen Menschen lieben und den anderen verachten kann. Wir mögen uns fragen, wie kann Paulus so sprechen, daß wir mit Christus gestorben, begraben, auferstanden sind, oder wie er es in Kol 3, 3 ausdrückt: „Ihr seid mit Christus gestorben, und euer neues Leben ist mit Christus verborgen in Gott." Wir verstehen diese Aussage und eigentlich auch die meisten Worte Jesu nur, wenn wir bedenken, daß durch das Kommen Jesu eine neue Wirklichkeit begonnen hat. Greifen wir nochmals auf das Beispiel des querschnittgelähmten jungen

Mannes zurück. Mit der Zusage der ungebrochenen Liebe seiner Braut beginnt eine neue Wirklichkeit. Er muß die Zusage allerdings annehmen. Würde er dies nur als einen momentanen Trost für seine traurige Lage bewerten, so hätte er keinen Zugang zu dieser neuen Wirklichkeit. So müssen auch wir das Angebot der Liebe Gottes in Freiheit annehmen, damit wir die neue Wirklichkeit entdecken und in ihr leben können.

DIE NEUE WIRKLICHKEIT

Ich habe einmal im Spital eine alte Frau besucht. Sie hat mir ihre ganze Lebens- und Leidensgeschichte erzählt. Ich war bestürzt, wie viel Leid im Leben eines einzelnen Menschen Platz finden kann. Nun lag sie nach einem Schlaganfall bettlägerig da. Als Abschluß ihrer Erzählung sagte sie: „Aber der Herrgott hat mich nie verlassen." Sie sagte das mit solcher innerer Freude, Überzeugung und Ausstrahlung, daß ich betroffen war. Wie kann ein Mensch, der offensichtlich sein ganzes Leben mit Leid gesegnet war, zu einem solchen Bekenntnis gelangen? Aus dieser schlichten, einfachen Frau strahlte etwas von dieser neuen Wirklichkeit. Ich mußte unwillkürlich an die Worte Jesu denken: „Ich preise dich, Vater, Herr des Himmels und der Erde, weil du all dies den Weisen und Klugen verborgen, den Unmündigen aber offenbart hast" – (Mt 11, 25). Diese einfache Frau hatte von dieser neuen Wirklichkeit mehr begriffen als so mancher hochgebildete Theologe. Gott sagt zu einem jeden in der Taufe: „Du bist mein geliebtes Kind, an dir habe ich Gefallen gefunden." Und diese Zusage der Liebe Gottes soll Mitte unseres Lebens werden. Denn wenn Gott uns seine Liebe zugesichert hat, was kann uns dann von seiner Liebe trennen? – (vgl. Röm 8, 31–39). Und diese Annahme des Liebesangebotes Gottes ist nicht das verbissene Festhalten an einer vagen Utopie, weil ich vielleicht sonst mit den Schicksalsschlägen meines Lebens nicht fertig werde, sondern in diesem

Angebot tut sich in mir die neue, eigentliche Wirklichkeit auf.

Ich möchte noch einen anderen Vergleich bringen. Am Heiligen Abend durften bei uns die größeren Kinder mithelfen beim Schmücken des Christbaumes und bei der Vorbereitung der Geschenke. Es erfüllte mich mit einer solchen Freude, wenn ich mir vorstellte, wie die anderen sich über den geschmückten Baum und über die Geschenke freuen würden, so daß ich es gar nicht mehr erwarten konnte. Der Christ sieht im Glauben bereits das wunderbare Angebot Gottes und brennt vor Begeisterung und Freude darüber und möchte, daß auch die anderen möglichst bald zur Erkenntnis dieses wunderbaren Geschenkes gelangen. „Wir können unmöglich schweigen über das, was wir gesehen und gehört haben" – (Apg 4, 20). Den Aposteln brennt es im Herzen, der ganzen Welt mitzuteilen, welche Freude Gott bereitet hat. Nichts kann sie davon abhalten. Sie haben diesen Durchbruch in die neue Wirklichkeit im Pfingstereignis erfahren. In der Erzählung von den Emmausjüngern (Lk 24, 13–35) können wir fast spannend miterleben, wie in diesen beiden Männern der Durchbruch, die Erkenntnis der neuen Wirklichkeit geschieht. Zuerst brennt ihnen das Herz, dann gelangen sie zur Erkenntnis, und jetzt brauchen sie die Hilfe zur Erkenntnis, die sichtbare Gestalt Jesu, nicht mehr. Wer glaubt, sieht hinter die Dinge und Ereignisse und sieht hinter allem eine andere Wirklichkeit. Nur so können wir das Magnificat verstehen, dieses Loblied, das Maria, vom Geist erfüllt, gesungen hat – Lk 1, 46–55:

„Meine Seele preist die Größe des Herrn, und mein Geist jubelt über Gott, meinen Retter.

Denn auf die Niedrigkeit seiner Magd hat er geschaut,
Siehe, von nun an preisen mich selig alle Geschlechter.

Denn der Mächtige hat Großes an mir getan
und sein Name ist heilig.

Er erbarmt sich von Geschlecht zu Geschlecht über alle,
die ihn fürchten.

Er vollbringt mit seinem Arm machtvolle Taten:
Er zerstreut, die im Herzen voll Hochmut sind;
er stürzt die Mächtigen von ihrem Thron und erhöht
die Niedrigen.

Die Hungernden beschenkt er mit seinen Gaben
und läßt die Reichen leer ausgehen.
Er nimmt sich seines Knechts Israel an
und denkt an sein Erbamen,
das er unseren Vätern verheißen hat,
Abraham und seinen Nachkommen auf ewig."

Der Glaube an die Liebe Gottes ist die stärkste weltverändernde Kraft. Er polt die geschichtlichen Ergeignisse um. Der Christ gelangt vom Glauben her zu einer neuen Weltdeutung und zu einem neuen Geschichtsverständnis. Die Geschichte der Menschheit, die sich gerade heute so sehr als Unheilsgeschichte darstellt, wird im neuen Licht als Heilsgeschichte gesehen. Die Christen sollten jene sein, denen die Freude über das Heilsangebot Gottes ganz stark im Herzen brennt. Der ganzen Welt möchten wir es in Wort und Tat verkünden: Gott liebt uns! Er heilt uns! Er rettet uns! Und wo das nicht nur das begeisterte und gelebte Zeugnis eines einzelnen bezeugt, sondern wo eine Gemeinde, eine Kommunität aus dieser Gewißheit lebt, da ist Gott am Werk. Weil die Kirche als Ganzes oftmals nicht aus dieser frohen Gewißheit lebte, sollten wenigstens kleine Teilgemeinschaften in zeichenhafter Weise aus der Freude am Heil leben. Den Ordensgemeinschaften kam von jeher diese Funktion in der Kirche zu. In einer zeichenhaft-prophetischen Weise müßte gemäß dem jeweiligen Charisma einer Ordensgemeinschaft zum Ausdruck kommen: Wir sind von Gott geliebt, deshalb brauchen wir keine ängstliche Absicherung, wir sind von Gott geliebt, deshalb geben wir in einer selbstlosen Weise diese Liebe an Brüder und Schwestern weiter. Wir sind von Gott geliebt, deshalb deuten wir die Welt im Sinne des Evangeliums.

Immer wieder hat Gott einzelne Menschen und ganze Gemeinschaften so stark angesprochen, daß sie zum Zeugnis vor der Welt und vor der Kirche wurden.

In 2 Kor 5, 17 schreibt Paulus: „Wenn also jemand in Christus ist, dann ist er eine neue Schöpfung: Das Alte ist vergangen, Neues ist geworden."

Und die Erkenntnis dieses Neuen und die Freude darüber, daß es von Tag zu Tag wächst und seiner Vollendung entgegengeht, müßte alle Lebensbereiche durchdringen. Nur wenn ich in der neuen Wirklichkeit lebe, kann ich die Bergpredigt leben. Wer noch nicht zum Glauben und zur Erkenntnis gelangt ist, der wird die Bergpredigt und das gesamte Evangelium als etwas Widersinniges, Utopisches, Unerfüllbares anschauen.

Stellen wir uns vor, ein Eingeborener eines afrikanischen Stammes würde plötzlich in ein modernes Spital versetzt. Er käme sich vor wie in einer Folterkammer: Menschen, an Kabeln und Schläuchen angeschlossen, Menschen am Operationstisch, wo sie bei lebendigem Leibe zerteilt werden ... Der Eingeborene sieht nicht die Zusammenhänge, das Erlebte paßt nicht in sein Wirklichkeitsbild. Für viele erscheint die Bergpredigt ebenso fremd wie das Spital für den Eingeborenen. Nur so kann man zu der Ansicht gelangen, eine radikale Erfüllung der Forderungen des Evangelium würde zu unhaltbaren Zuständen führen. Hier ist noch der alte Mensch am Werk, vom dem Paulus sagt: „Legt den alten Menschen ab, der in Verblendung und Begierde zugrunde geht, ändert euer früheres Leben und erneuert euren Geist und Sinn! Zieht den neuen Menschen an, der nach dem Bild Gottes geschaffen ist in wahrer Gerechtigkeit und Heiligkeit" – (Eph 4, 22–24).

Die Zuwendung und Zugehörigkeit zur neuen Wirklichkeit geschieht aber in den seltensten Fällen sofort. Und selbst dort, wo die Bekehrung wie bei einem Saulus erfolgte, war ein Reifungsprozeß nötig, der die geschenkte Erkenntnis klarer werden ließ. Das Hineinwachsen in diese neue Wirklichkeit kann man an Kleinigkeiten feststellen. Wäre es für einen Firmenchef, der zwar vermögend ist und gut verdient, aber noch ganz in der Denkkategorie der alten Wirklichkeit lebt, unmöglich, monatlich S 200,– für die Dritte Welt zu spenden, weil er sich damit überfordert sähe, so gibt er vielleicht schon kurze Zeit später ein Vielfaches, nachdem er mit der neuen Wirklichkeit in Berührung gekommen ist. Oder für eine sehr modebewußte Frau wäre es eine unzumutbare Forderung, nicht nach der neuesten Mode gekleidet zu sein; wenn sie mit der neuen Wirklichkeit in Berührung gekommen ist, wird sie plötzlich einen Abstand dazu gefunden haben und vielleicht kann sie mit dem heiligen Paulus sagen: „Doch was mir damals ein Gewinn war, das habe ich um Christi willen als Verlust erkannt. Ja, noch mehr: Ich sehe alles als Verlust an, weil die Erkenntnis Christi Jesus, meines Herrn, alles übertrifft. Seinetwegen habe ich alles aufgegeben und halte es für Unrat, um Christus zu gewinnen und in ihm zu sein. Nicht meine eigene Gerichtigkeit suche ich, die aus dem Gesetz hervorgeht, sondern jene, die durch den Glauben an Christus kommt, die Gerechtigkeit, die Gott auf Grund des Glaubens schenkt. Christus will ich erkennen und die Macht seiner Auferstehung und die Gemeinschaft mit seinen Leiden: Sein Tod soll mich prägen. So hoffe ich, auch zur Auferstehung von den Toten zu gelangen. Nicht, daß ich es schon erreicht hätte oder daß ich schon vollendet wäre. Aber ich strebe danach, es zu ergreifen, weil auch ich von Christus Jesus ergriffen worden bin. Brüder, ich bilde mir nicht ein, daß ich es schon ergriffen hätte. Eines aber tue ich: Ich vergesse, was hinter mir liegt, und strecke mich nach dem aus, was vor mir ist. Das Ziel vor Augen, jage ich nach dem Siegespreis: der himmlischen Berufung, die Gott uns in Christus schenkt" – (Phil 3, 7-14).

Es ist sicherlich wichtig, so wie Paulus einzugestehen, daß wir noch keineswegs am Ziel sind, aber entscheidend ist, zu vergessen, was an alter Wirklichkeit, an Bindungen und Werten hinter uns liegt, um uns immer intensiver nach dem auszustrecken, was vor uns liegt.

Taufe – Wozu?

Immer wieder muß ich gerade bei Taufgesprächen eine erschütternde Unwissenheit um das Wesen des Sakramentes feststellen. Vor allem erhebt sich die Frage: Wozu werde ich getauft, wenn sich in meinem Leben ohnedies nichts ändert? Es gibt fast eine Milliarde Getaufter. Aber versuchen wir einmal, sie von den Nichtgetauften zu unterscheiden. Im normalen Alltag wird man kaum Unterschiede feststellen; und die Teilnahme am Sonntagsgottesdienst gilt ja auch nur für einen winzigen Prozentsatz der Getauften als Kennzeichen. Wir müssen hier eine grundsätzliche Feststellung machen, die für alle Sakramente Gültigkeit hat: Die Gnade Gottes wirkt nicht automatisch, sie setzt den Glauben und die bewußte Annahme der Gnade aus freiem Willen voraus. Ich möchte einen Vergleich dazu bringen: Stellen wir uns vor, ich würde für die Erledigung meiner Korrespondenz dringend eine gute Schreibmaschine brauchen. Aber ich habe kein Geld, mir eine solche zu kaufen. Durch Zufall entdecke ich in meiner Abstellkammer ein Geschenkpaket, das ich ungeöffnet dort vor längerer Zeit deponiert habe. Nun öffne ich es und finde darin eine Schreibmaschine. Sie hätte mir längst dienlich sein können, hätte ich das Geschenk bei Erhalt gleich geöffnet. In ähnlicher Weise stehen bei vielen Menschen, die Taufgeschenke, die sie von Gott erhalten haben, in der Abstellkammer ihres Herzens. Wenn das Sakrament gültig gespendet wurde, dann hat Gott seinen Geist, seine Gnade wirklich geschenkt. Aber damit es zur Auswirkung kommen kann, müssen wir es auspacken. Dieses Auspacken geschieht durch den Glauben. Ich lasse mich auf diese geheimnisvolle Gabe ein, die Gott mir in der Taufe schenkte. Und diese Gabe kann nur in dem Maß wirken, als ich es Gott zutraue. Denn Gott vergewaltigt uns nicht mit seiner Gnade.

Die Spendung des Sakramentes selbst ist immer nur ein Zeichen. Das Sakrament selbst verlangt eine Fortsetzung, eine Verwirklichung in unserem Leben. Die Gnade wird als ein Potential in uns selbst festgelegt. Wenn ich sie nicht einsetze durch meinen Glauben, nützt sie mir nichts.

Man könnte noch einen anderen Vergleich bringen:

Wenn ich einen Kassettenrecorder mit Batterie betreibe, so wird seine Spieldauer begrenzt durch die Leistungsfähigkeit der Batterie. Schließe ich hingegen das Gerät an das Stromnetz an, habe ich Zugang zu einer unvergleichlich größeren Energie. Freilich nützt mir der Anschluß an das Stromnetz nichts, wenn ich das Gerät nicht einschalte. Der Nichtgetaufte handelt auf Grund seiner menschlichen Kräfte und Fähigkeiten. Es gibt Ungetaufte, die Nächstenliebe in einer beispielhaften Weise üben. Aber sie handeln aus ihren menschlichen Kräften. Der Getaufte hätte den Zugang zu einer unendlich größeren Kraftquelle. Aber sie nützt ihm nichts, wenn er nicht durch den Glauben einen Zugang schafft. In jeder Glaubensentscheidung verwirklicht sich also ein wenig mein Getauftsein.

In der Taufe wird der Lebensstrom der göttlichen Gnade erschlossen. Und in dem Maß, als ich mich im Glauben diesem Strom öffne, werde ich meiner Verantwortung als Getaufter gerecht. Die Taufe ist ein Geschenk. Aber jedes Geschenk, das Gott gibt, schenkt er uns nicht für uns „privat", sondern als Aufgabe und Verantwortung für die anderen. Wenn ich einem Menschen aus einer Gruppe von Hungernden einen Laib Brot gebe, so nehme ich an, daß er das Brot mit seinen Leidensgenossen teilen wird. Wenn ich einem Menschen aus einer Schar von Verirrten einen Kompaß gebe, nehme ich an, daß er sich nun verantwortlich weiß, die anderen auf den richtigen Weg mitzunehmen. Wenn Gott einem Menschen in der Taufe seine Liebe zusagt und ihn mit seiner Gnade erfüllt, so erwartet er, daß er dadurch Salz der Erde, Licht für die Welt, Brot für die verhungernden Brüder und Schwestern wird. Der Getaufte ist somit einer zu einem Dienst an der Welt Berufener. Es gab Epochen in der Kirchengeschichte, da vertrat man die Ansicht: „Extra ecclesia nulla salus – Außerhalb der Kirche gibt es kein Heil." Das würde bedeuten, daß nur der Getaufte einen Zugang zum Heil hat. Daraus resultierte eine Kindertaufe um jeden Preis. Daraus resultierte die Missionsbewegung mit Massentaufen unter oft fragwürdigen Bedingungen. Dabei ging man am Wesen der Taufe, am Wesen des göttlichen Heilsplanes und am Wesen der Kirche vorbei. So wie die Auserwählung Israels nicht eine ungerechte Bevorzugung, sondern eine Heilsveratwortung für die anderen Völker bedeutete, so ist die Auserwählung der Getauften nicht eine ungerechte Bevorzugung, sondern sie birgt Verantwortung in sich, nun für die Gnade und Liebe Gottes Zeugnis abzulegen, damit auch die anderen Menschen den Weg zu Gott finden.

TAUFE – LOSLASSEN – STERBEN

In Röm 6, 3 schreibt Paulus: „Wißt ihr nicht, daß wir, die wir auf Christus Jesus getauft wurden, auf seinen Tod getauft worden sind?" Taufe hat also etwas mit Loslassen zu tun. Damit ich die Gnadengeschenke Gottes in Empfang nehmen kann, müssen zuerst meine Hände und mein Herz frei werden. Ich muß alles loslassen. „Wer sein Leben festhalten will, wird es verlieren, wer es aber um meinetwillen verliert (= losläßt), der wird es gewinnen" – (Mt 16, 25 par.).

Im Tod müssen wir alles loslassen, aber unser ganzes diesseitiges Leben soll schon eine Einübung in den Tod sein. Und dies geschieht im Glauben.

Wenn ich selbst in einer aussichtslosen Situation gegen alle Argumente gläubigen Herzens dennoch festhalte, daß Gott immer noch Auswege kennt und sie mir schenken wird, so stirbt in mir etwas ab. Das gegen Gott rebellierende Ich, das ständig von Mißtrauen erfüllt ist, muß absterben, damit das Vertrauen um sich greifen kann. Man könnte dieses Loslassen, dieses Überwinden des Mißtrauens wieder in folgendem Vergleich darstellen: Denken wir uns unser Leben als ein Haus. Es gibt darin natürlich auch ein religiöses Zimmer. Jesus darf und soll schon einen Platz in meinem Leben haben, aber einen genau abgegrenzten, den ich ihm zuweise. So beginnt ja meist unser religiöses Leben, daß wir aus irgendwelchen Gründen doch die Notwendigkeit eines religiösen Raumes in unserem Leben einsehen und Jesus in diesem Zimmer einquartieren. Aber wenn ich ihn einmal ins Haus gelassen habe, begnügt er sich nicht damit, er möchte auch in die anderen Räume vordringen. Das wird mir zunächst sehr unangenehm, weil ich mir in den anderen Lebensbereichen eigentlich nichts dreinreden lassen will. Ich habe ihm doch ohnedies ein so schönes Zimmer zugewiesen. Nun klopft er ständig und will das ganze Haus sehen. Ich habe es ja geahnt. Wenn ich mich einmal auf ihn einlasse, wird er nicht genug bekommen. So beginnen wir den Rundgang durch das Haus. Wir kommen ins Wohnzimmer. Sein Blick fällt gleich auf den Fernsehapparat: „Wie viele Stunden sitzt du täglich davor?" „Nun, so ein bis drei

Stunden; das brauche ich zur Entspannung." Und Jesus sagt: „Schenke mir diese Zeit, und ich schenke dir dafür Entspannung!" Die Sache fängt ja sehr gut an. Wir gehen weiter in die Küche. Er begutachtet meine Vorräte und bietet sich an, meinen Speiseplan zu erstellen. In meinem Arbeitszimmer will er Einblick in meine Finanzgebarung und bietet sich an, mein Finanzberater zu werden. Ich befürchte, da werde ich mir weder faule Tricks im Beruf noch große Vergnügen in meiner Freizeit leisten können. Schlafzimmer, Kinderzimmer, Hobbyraum . . . alles wird inspiziert. Danach steigen wir auf den Dachboden. Was da alles an „Schätzen" herumliegt. Mobiliar, Bücher, Zeitschriften . . . „Brauchst du das alles?" fragt er mich. „Man kann nie wissen, ob man nicht dies oder jenes noch verwenden kann." Jesus fordert mich sehr entschieden auf, mich von diesen Dingen zu trennen, die ich eigentlich nicht benötige, die mich nur belasten. Dann gehen wir in den Keller. Da gibt es einen Abstellraum, wo meine Geheimnisse gelagert sind: Tagebücher, Briefe, Fotos . . . Manchmal krame ich darin, um mich je nach Stimmung selbst zu bedauern oder um mir sehr gut vorzukommen in all dem, was ich in meinem Leben schon geleistet und durchgemacht habe. Hier muß Licht und Luft her. Und all dieses Zeug wird weggeworfen. Du kannst nicht ständig in deiner Vergangenheit herumwühlen. Nun ist alles weg. Ich bin eigentlich gar nicht unglücklich darüber und fühle mich von einer schrecklichen Last befreit.

Diese Übergabe unseres Lebens wird eigentlich im Glaubensbekenntnis gefordert, das der Spendung der Taufe zuvorgeht. Was bedeutet es denn zu sagen: „Ich widersage! Ich glaube!" Ich widersage doch allen Einflüsterungen des Teufels, der mir sagt: „Du mußt dich absichern! Man kann nie wissen, was Gott dir zumutet! Schaffe dir dein Glück selber, dann bist du nicht ständig darauf angewiesen, alles von Gott zu erbetteln." Ich glaube! Das bedeutet doch, daran festzuhalten, daß Gott es immer gut mit mir meint, was auch immer geschieht. Leider zielt unsere Taufkatechese überhaupt nicht auf eine totale Übergabe des eigenen Lebens an Gott. Im Tod werden wir unser gesamtes Leben an Gott übergeben müssen. Aber warum auf den Tod warten? Hier und jetzt, heute habe ich die Chance. Und mit dieser Übergabe meines ganzen Seins habe ich eigentlich den Tod schon vorweggenommen. Was dann noch kommt ist ein formaler Nachvollzug. Denn was will mir der Tod noch nehmen, was ich nicht schon an Gott gegeben hätte? Freilich geschieht diese Übergabe des Lebens nicht ein für allemal. Ich kann zwar in einem Augenblick tiefsten Glaubens bereit sein, alles loszulassen, Gott in all meine Lebensbereiche eindringen zu lassen; doch wenig später begegne ich irgendeiner Ungereimtheit, die in mir Fragen und Zweifel auslöst; und schon habe ich Gott wieder aus einem Teilbereich hinausgedrängt. Wir trauen Gott viel zu wenig zu. Wir trauen ihm nicht zu, daß er mit unseren familiären Problemen fertig wird. Wir trauen ihm nicht zu, daß er unsere berufliche Verantwortung übernehmen kann. Wir trauen Gott, so widersinnig das eigentlich klingt, nicht zu, daß er unsere pastoralen Probleme bewältigen kann. Natürlich reden wir von Glaube, Gebet, Sakrament usw., aber im Grunde sagen wir doch: „Lieber Gott, da du nichts tust, da du uns in der Seelsorge im Stich läßt, müssen eben wir die Sache in die Hand nehmen!“ Wir machen tolle Pastoralkonzepte, die aber doch von Angst und Skepsis geprägt sind. Priestermangel, Kirchenaustritte u. a. Stellen wir uns ganz ehrlich die Frage: Trauen wir Gott zu, daß er diese Probleme noch bewältigen kann? Vom Verstand her verbieten wir uns natürlich einen Zweifel an der Allmacht Gottes. Aber ganz tief drinnen im Herzen, da sieht es anders aus. Wir brauchen gar nicht auf die Probleme der Weltkirche zu blicken, dort sind die Zusammenhänge ohnedies unüberschaubar, richten wir unseren Blick auf die Pfarrgemeinden und ihre Gremien. Wie reagieren die Pfarrgemeinderäte auf die prekäre pastorale Situation, falls sie diese überhaupt schon zur Kenntnis genommen haben (denn vielerorts hört man Stimmen, die von einer positiven Entwicklung sprechen, daß alles beim Besten sei . . . usw.). Meist werden dann Krisensitzungen gehalten, Kurzprogramme entworfen und Kurzaktionen durchgeführt. Und das ist genau die Denk- und Handlungsweise „dieser Welt“. Der Christ sollte sich doch durch seine gesamte Lebensweise abheben. Wäre es nicht ein Zeichen und ein Zeugnis, wenn Pfarrgemeinderäte sich eingestehen, daß wir unfähig sind, die Probleme aus eigener Macht zu lösen. Die Probleme loslassen, die Armut annehmen, Gott die Lösung zutrauen. Sofort werden Stimmen laut werden, die sagen, man könne doch nicht die Hände in den Schoß legen und warten, daß Gott unsere Arbeit macht. Und doch! Normalerweise handeln wir so, daß wir sagen: „Lieber Gott, wir machen es schon, und was wir nicht fertig bringen, lassen wir dir über." Es sollte aber umgekehrt sein, daß wir sagen: „Lieber Gott, handle du, dir trauen wir alles zu, und wenn du uns etwas zu tun übrig läßt, dann zeig es uns!"

Ich möchte hier an dieser Stelle einen Vergleich zur Verdeutlichung bringen. Stellen wir uns vor, einem Eingeborenenstamm würden als Entwicklungshilfe drei Autos geschenkt. Das kommt ja manchmal vor, daß die Entwicklungshilfe in keinem Zusammenhang zur konkreten Situation am Ort steht. Die Eingeborenen wissen zunächst mit den seltsamen Objekten nichts anzufangen. Doch allmählich entdecken sie, daß man sich in ein solches Auto hineinsetzen kann; und wenn genügend kräftige Leute anschieben, so kann man damit sogar fahren. Sie meinen nun, sie hätten diese Maschine erforscht und kennen sich genau aus. Wie erstaunt werden sie sein, wenn jemand zu ihnen sagt: „Dieses Auto braucht man nicht zu schieben, es fährt von selbst." Sie werden über eine solche Behauptung lachen. Wissen sie doch genau, daß das Auto nur fährt, wenn man kräftig anschiebt. Nur bergab rollt es von selbst.

Wir könnten unsere Welt mit ihren Möglichkeiten und Grenzen mit den Eingeborenen vergleichen. Wir haben vieles erforscht und meinen nun, uns genau auszukennen. Da kommt jemand und behauptet, daß unser Fahrzeug (= Familie, Gemeinschaft, Pfarrgemeinderat usw.) nicht mühsam durch eigene Anstrengung bewegt werden muß, sondern daß es von selbst fährt. Wir würden auch nur lachen. Wir haben doch unsere Erfahrungen; nichts geht von selbst. Nicht einmal in der Kirche. Und so schieben wir in unseren pastoralen Bemühungen das Fahrzeug unserer Pfarrgemeinde (vielleicht schon ein Autobus) ein wenig hin und her und sind stolz darauf, daß es sich überhaupt bewegt. Welches Aufsehen muß es erregen, wenn nun einer vorführt, daß ein solches Auto wirklich von selbst fährt, getrieben von einer anderen Kraft, wenn man Kraftstoff einfüllt.

Das wäre eine Chance zum Zeugnis der Kirche vor der

Welt. Die Welt kennt ihre Grenzen und Möglichkeiten; für den Glaubenden gelten diese Grenzen nicht. Getrieben durch den Kraftstoff der Gnade fährt sein Fahrzeug wider alle Erwartungen und Erfahrungen.

Wie wäre es, wenn ein Pfarrgemeinderat sich in dieser Haltung zum intensiven Gebet versammelt, um im Gebet alles Gott zu überlassen und hinzuhören, was er ihnen nun zu tun übrigläßt. Wenn wir nicht einmal im kirchlichen Bereich fähig sind, die Lösung der Probleme Gott zu überlassen, so dürfen wir uns nicht wundern, daß dies noch weniger im weltlichen Bereich geschieht. Es ist möglich und notwendig, seine Familie täglich Gott zu übergeben. Nur er kann Heil wirken. Er kann die komplizierten Vorgänge zum Guten führen. „Denen die Gott lieben, gereicht alles zum Guten" – (Röm 8, 28). Das ist nicht nur ein frommer Spruch für einen religiösen Augenblick, sondern dieser Satz gilt für jegliche Situation. Wenn ich Gott liebe, wenn ich ihm unerschütterlich vertraue, führt er alles zum Guten! Sehen wir uns nicht in den verwirrenden und komplizierten politischen, wirtschaftlichen und gesellschaftlichen Vorgängen oft total überfordert, das Richtige zu erkennen und zu tun? Jeder Politiker, jeder Wirtschaftsexperte, jeder Firmenchef, jeder Lehrer, jeder, der irgendwelche Verantwortung trägt, kann dies in spezifisch christlicher Weise tun, indem er seine Verantwortung Gott übergibt und ihn handeln läßt. Denn Gott handelt wirklich, wenn wir, ohne zu zweifeln, darauf vertrauen. Denn entweder handelt Gott in allem, oder wir verlieren ihn in unendliche Ferne. Dann müssen wir wirklich alles selbst tun und sind in einer ganz erbärmlichen Lage, weil wir uns ja ständig überfordert fühlen. Nun hat Gott sich aber seit altersher als JAHWE = als „ICH-BIN-FÜR-EUCH-DA" geoffenbart. Und so ist er uns als ein handelnder Gott nahe, der uns nicht nur ab und zu religiös erbauliche Gefühle schenkt, sondern der in dieser Welt sein Heil wirkt. Je mehr ich ihm zutraue, umso mehr werde ich Tag für Tag Wunder erleben. Entscheidend ist allerdings das „Sich-selber-Absterben" und das Hineinsterben in den Plan Gottes; denn Gottes Macht läßt sich nicht für meine Ziele und Pläne mißbrauchen. Aber wenn ich wirklich glaube und wenn ich Gott wirklich liebe, dann ist es mein höchster Wunsch, daß sein Wille sich erfülle, weil ich weiß, daß dies das Beste für uns alle ist. Überall dort, wo die Kirche die Gesetzmäßigkeiten dieser Welt übernimmt, beraubt sie sich selbst des Zeugnisses. Der kirchliche Apparat gleicht dem staatlichen. Die kirchlichen Personalkonzepte gleichen den staatlichen. Die Vorgangsweise zur Lösung von Problemen gleicht der in unserer Gesellschaft üblichen (abgesehen vielleicht von einer monatlichen Fürbitte um Priester- und Ordensberufe). Das mag vielleicht etwas hart formuliert sein, aber es will aussagen, daß unser gesamtes christliches Leben sich wieder klar von dieser Welt abheben muß. Jesus fordert: „Wenn ihr nicht umkehrt und werdet wie die Kinder, könnt ihr nicht in das Himmelreich kommen!" – (Mt 18, 3). Sich auf Gott verlassen, alles von ihm erwarten, ihm alles zutrauen, kommt mir das nicht manchesmal unreif, kindisch, naiv vor. Und genau hier liegt doch der Schlüssel zum Zugang in die Geheimnisse Gottes. Heilige wie z. B. ein Franz von Assisi haben dies in beispielhafter Weise begriffen und gelebt.

Der Diabolos (= der Durcheinanderwerfer) hat heute alle Lebensvorgänge und Lebensbereiche so wahnsinnig kompliziert gemacht, daß sie von keinem Menschen mehr durchschaut werden können. Das Geheimnis Gottes ist schlicht und einfach; und nur die „Einfältigen" (in der positiven Bedeutung des Wortes) begreifen das Geheimnis. Die Wahrheit Gottes ist so verblüffend einfach und klar, und nur der Teufel kann uns einreden, sie sei kompliziert und müsse hinterfragt, analysiert, interpretiert werden, und so wird uns der Zugang zur Schlichtheit der göttlichen Wahrheit verbaut. Es gibt da eine Erzählung von einem Psychologen, der die Wüste durchwandert. Er ist am Verdursten. Da sieht er vor sich eine Oase. Er hält diese für eine Fata Morgana und ist ganz begeistert über die Erscheinung. Er geht näher hin. Da hört er das Rauschen einer Quelle. Aus seinem Studium weiß er genau, daß die Halluzination nun bereits den Gehörsinn erfaßt. Er greift mit der Hand in das klare Wasser des Brunnens. Nun registriert er auch bereits Halluzination des Tastsinnes. Am nächsten Tag findet man den Wissenschaftler, verdurstet neben der Quelle liegend. Diese Haltung, alles zu verkomplizieren, finden wir oft auch in der Theologie. Erst wenn wir wieder wie Kinder werden, die noch staunen können, ohne zu hinterfragen, begreifen wir das Geheimnis. Ich habe einmal einen sehr begabten Pantomimendarsteller gesehen. Er hat allein durch Gesten und Mimik auf der leeren Bühne eine lebendige Szenerie aufgebaut. Er konnte die Gegenstände und Vorgänge so überzeugend durch seine Gesten darstellen, daß sich für die Zuschauer plötzlich Gegenstände auf der leeren Bühne abhoben. Jeder wußte, da steht ein Tisch, da steht ein Bett, obwohl doch nichts zu sehen war. Allein die überzeugende Darstellung des Schauspielers ließ die Zuschauer eine andere Wirklichkeit sehen.

Manchmal kommt mir der Christ so vor wie eine Pantomime. Wir leben in einer anderen Welt und handeln nach anderen Gesetzen. Und je überzeugender wir uns dazu bewegen, umso stärker kann unsere Umwelt die „Konturen einer neuen Wirklichkeit" erfahren. Im Brief an Diognet aus dem 2. Jh. n. Chr. heißt es von den Christen: „Die Christen unterscheiden sich von anderen Menschen weder durch ihr Vaterland noch durch ihre Sprache, noch durch ihre Gewohnheiten. Sie wohnen nicht in eigenen Städten, sie benützen keinen ausgefallenen Jargon, ihre Lebensweise hat nichts Absonderliches.

Sie spielen sich nicht wie viele andere als Vorkämpfer einer menschlichen Lehre auf. Sie verteilen sich nicht in den griechischen oder barbarischen Städten nach vorberechneten Kontingenten.

Sie passen sich an die örtlichen Gebräuche an, was Kleidung, Ernährung und Lebensweise angeht, wenngleich sie die außergewöhnlichen und wirklich paradoxen Gesetze ihrer geistigen Republik bekunden.

Sie wohnen jeder in seinem Heimatort, aber wie Fremde, die sich da aufhalten.

Sie erfüllen alle ihre Bürgerpflichten und nehmen alle ihre Pflichten auf sich wie Ausländer.

Jedes fremde Land ist ihr Vaterland, und jedes Vaterland ist für sie fremde Erde.

Sie sind also im Fleisch, aber leben nicht nach dem Fleisch."

Wo die Getauften so leben, da werden sie zu Zeichen, zu Wegweisern in einer verwirrten und orientierungslosen Welt.

Dann nimmt der Getaufte seine Aufgabe wahr, die ihm kraft seiner Taufe zukommt: In seinem Leben und durch sein Leben zu dokumentieren, daß Gott zu ihm gesagt hat: „Du bist mein geliebtes Kind, an dir habe ich Gefallen gefunden!"

Kindertaufe und Tauferneuerung

Immer wieder entzündet sich die Diskussion an der Frage der Kindertaufe. Vor einigen Jahren meinte sogar ein namhafter Politiker, daß Kindertaufe und Religionsunterricht gegen die Menschenrechte verstoße, weil hier eine Einschränkung der persönlichen Entscheidungsfreiheit vorliege. Nun, so scharf muß man es nicht formulieren. Aber die Kindertaufe ist gewiß unter den derzeit gegebenen Umständen in unseren Ländern problematisch geworden. Es gibt sogar bedeutende Theologen, die der Ansicht sind, die Entscheidung der Kirche für die Kindertaufe sei eine der schwerwiegendsten Fehlentscheidungen in der ganzen Kirchengeschichte gewesen. Tatsache ist, daß in der Urkirche nur Erwachsene getauft wurden, weil für die Taufe ein entscheidender Schritt der Umkehr und ein ganz persönliches Taufbekenntnis gefordert wurden. Erst allmählich setzte sich die Ansicht durch, daß die Kinder, die in einer Atmosphäre des Glaubens aufwachsen, bereits im Kindesalter in die Kirche eingegliedert werden könnten, weil sie eben in dieser Glaubensatmosphäre sukzessive in eine persönliche Glaubensentscheidung hineinreifen könnten. Selbst wenn die Kinder wirklich in einer Atmosphäre des Glaubens aufwachsen, so garantiert dies noch lange nicht, daß aus diesen Kindern reife Christen werden. Insofern ist diese Argumentation für die Kindertaufe etwas gewagt. Die jungen Kirchen in den Ländern der Dritten Welt könnten uns einen verantwortungsbewußten Umgang mit den Sakramenten lehren. Jesus selbst hat das harte und warnende Wort ausgesprochen: „Gebt das Heilige nicht den Hunden, werft die Perlen nicht vor die Schweine!" – (Mt 7, 6).

In vielen jungen Kirchen Afrikas muß man große Anstrengungen unternehmen, um ein Sakrament empfangen zu können. Im Vergleich dazu erhält man die Sakramente bei uns im „Ausverkauf". Betrachten wir doch, welche geringen Anforderungen bei uns für den Sakramentenempfang gestellt werden. Ich möchte die Frage der Kindertaufe hier nicht hochspielen; aber wenn schon Kinder getauft werden, dann muß den Eltern deutlich gemacht werden, welche Verantwortung hier übernommen wird, wenn sie eine stellvertretende Glaubensentscheidung für das Kind treffen. Sie werden öffentlich bei der Taufe um diese Bereitschaft befragt: „Liebe Eltern! Sie haben für Ihr Kind die Taufe erbeten. Damit erklären Sie sich bereit, es im Glauben zu erziehen. Es soll Gott und den Nächsten lieben lernen, wie Christus es uns vorgelebt hat. Sind Sie sich dieser Aufgabe bewußt?" – (Zitat aus dem Taufritus). Damit der Wert des Sakramentes und die Tragweite der stellvertretenden Entscheidung bewußt wird, würde ich ein sechsmonatiges Taufseminar für die Eltern (und Paten) verpflichtend vorschreiben. Aber da bricht bereits das große Protestgeschrei los. Das sei unzumutbar! Da würden viele ihre Kinder nicht mehr taufen lassen! Die Kirchen würden noch leerer! Die Kirchenaustritte würden sich noch mehr häufen!

Wenn wir mit „Ausverkaufsmethoden" und „Billigangeboten" die Leute bei der Stange halten wollen, dann sind das schon recht fragwürdige Methoden. Ich habe keine Angst vor leeren Kirchen. Und wenn nur die bereits von Jesus zitierte „kleine Herde" übrigbleibt (Lk 12, 32), so würde es die Leuchtkraft und Zeugniskraft der Kirche nicht mindern, sondern eher vermehren, was wir am Beispiel der Kirche in den Ländern der Verfolgung ersehen können.

Ein psychologischer Grundsatz in der Marktwirtschaft lautet: Was nichts kostet, ist nichts wert. Und das gilt sicherlich in irgendeiner Weise auch für die geistlichen Güter. Wofür ich nichts einsetzen muß, das rangiert in meiner Wertordnung sehr weit unten. Und so dürfen wir uns gar nicht über einen Mangel an Wertschätzung bei den Sakramenten beklagen, wenn wir sie so leichtfertig verschleudern. Für die Matura nehme ich acht Jahre Mittelschule in Kauf; und sie kann mir höchstens den Zugang zu gewissen Berufslaufbahnen eröffnen. Die Taufe aber, die für mich der

Zugang zum wahren Leben ist, bekomme ich nach einem halbstündigen Taufgespräch und einer vielleicht ebensolangen Zeremonie. Da stimmt doch offensichtlich die ganze Wertordnung nicht, die dem Christen angeboten wird. Keine Angst vor der Statistik! Die Kirche wird anziehender, leuchtender und überzeugender werden, wenn wir nicht bloß ein Service zur Verschönerung der Familienfeste anbieten, sondern wenn schon dem Taufbewerber (ob das der Täufling selbst ist oder seine Eltern, ist dann gar nicht so wesentlich) bewußt wird, mit welch hohem Wert er es hier zu tun bekommt. Ein Vater erzählte mir voll Stolz, daß er zehn Monatsgehälter gespart hatte, um ein sehr teures Medikament zur Heilung seiner Tochter zu kaufen. Bravo! Aber was hat der Mann wohl in die Taufe seiner Tochter „investiert", wo ihm doch *das* Heilmittel von Gott angeboten wurde?

Wenn nun schon Kinder getauft werden, so bleibt dennoch die Notwendigkeit der persönlichen Glaubensentscheidung aufrecht. Irgendwann im Leben muß der als Kind Getaufte sein persönliches Ja zu Gott sagen. Man nennt diesen Schritt Tauferneuerung. Dann erst kann die Gnade mit ihrer ganzen Wirksamkeit in das Leben eines Menschen eindringen. In jeder Osternachtsliturgie ist eine Tauferneuerung vorgesehen; aber hier scheint sie oft so ritualisiert, daß wiederum der persönliche Aspekt fehlt. Alle antworten im Chor: „Ich widersage! Ich glaube!" Aber dabei wird nicht deutlich genug bewußt, daß es hier um die wichtigste Entscheidung des ganzen Lebens geht. Es wäre gerade so, wie wenn ein Arzt in ein Spitalszimmer geht und die Patienten um ihre Zustimmung zu einer sehr gefährlichen Operation befragt. Und alle antworten, ohne viel nachzudenken, im Chor: „Ja, wir wollen es!" Wird sich da nicht jeder einzelne zu einer ganz persönlichen Gewissensentscheidung durchringen?

So sollte es auch bei der Tauferneuerung sein. Nach einer Vorbereitungszeit und einer Phase der Prüfung sollte der Christ vor der Gemeinde seine Taufe persönlich bejahen. Vielleicht haben manche einen solchen Schritt schon im „stillen Kämmerlein" getan. Aber diese Tauferneuerung soll auch Öffentlichkeitscharakter haben und soll ein kirchlicher Schritt sein. So könnte ich mir vorstellen, daß z. B. die Fastenzeit als katechetische und spirituelle Vorbereitung für einen solchen Schritt dienen könnte und daß dann in der Osternacht wirklich nur jene vortreten und einzeln ihre Taufe bejahen, die für diesen Schritt gereift sind.

Ich bin überzeugt, daß Gott uns auch in der Verwaltung dieses Sakramentes durch seinen Geist führen wird, so daß es wieder jene Bedeutung erlangt, die ihm im Plan Gottes zukommt.

Firmung – Sakrament der christlichen Vollverantwortung

Eingliederung in die Gemeinschaft

Ich möchte dieses Kapitel mit einer Bibelstelle beginnen, die scheinbar mit Firmung nichts zu tun hat. Ich will damit aber in meinen Ausführungen gleich eine bestimmte Richtung einschlagen: 1 Petr 2, 4–6: „Kommt zu ihm, dem lebendigen Stein, der von den Menschen verworfen, aber von Gott auserwählt und geehrt worden ist. Laßt euch als lebendige Steine zu einem geistigen Haus aufbauen, zu einer heiligen Priesterschaft, um durch Jesus Christus geistige Opfer darzubringen, die Gott gefallen. Denn es heißt in der Schrift: Seht her, ich lege in Zion einen auserwählten Stein, einen Eckstein, den ich in Ehren halte; wer an ihn glaubt, der geht nicht zugrunde." Zur Deutung dieser Schriftstelle möchte ich folgenden Vergleich bringen: Wenn ein Haus einstürzt, kann ich die Ziegel wieder verwenden, um damit ein neues Haus zu errichten. Ich werde die Ziegel reinigen, von altem Mörtel befreien und wieder zu einem tragfähigen Mauerwerk zusammenfügen. Das Haus der Schöpfung Gottes wurde durch die Sünden der Menschen zerstört. Gott hatte die Bausteine aber nicht vernichtet, sondern er reinigt sie behutsam durch seine Gnade (= *Taufe*) und fügt sie zusammen zu einem neuen Bau (= *Firmung*). Während wir schon bei der Taufe auf die soziale Dimension der Sakramente zu sprechen kamen, tritt dies bei der Firmung noch viel stärker zutage. Es gibt keine „private Gottesbeziehung". Taufe ist kirchliches Geschehen. Mit der Taufe wartet eine Verantwortung auf mich, wie oben schon angeführt wurde.

In noch stärkerem Maß bringt die Firmung Verantwortung mit sich. In der Taufe wird der alte Baustein gereinigt, falls ich mich reinigen lasse, falls ich es Gott zutraue und falls ich der Gnade nicht meinen Unglauben und meine Gleichgültigkeit entgegensetze. In der Firmung soll ich eingefügt werden als tragfähiges Element in den Bau der Kirche, falls ich dies zulasse, falls ich es in meinem Glauben für möglich halte, daß Gott mich als Baustein brauchen kann. Aber so wie uns das Erreichen der Volljährigkeit im zivilen Sinn wenig berührt und eher als eine Alterserscheinung betrachtet wird, ebensowenig berührt meist die Firmung den jungen Menschen als Sakrament der Vollverantwortlichkeit in der Gemeinschaft und für die Gemeinschaft. Es gibt bei vielen Naturvölkern ausgeprägte Riten und Zeremonien bei der Erlangung der Volljährigkeit ihrer jungen Stammesmitglieder. Da ist im Gefüge der Gemeinschaft auch bewußt, daß das Erwachsenwerden nicht eine private Angelegenheit ist, sondern daß es die Gemeinschaft mitbetrifft. Voraussetzung für dieses Verständnis ist eine stark ausgeprägte Gemeinschaft. Dies alles fehlt in unserer Gesellschaft und in unserer Kirche. Ein Gemeinschaftsbewußtsein kann sich nur dort entwickeln und halten, wo überschaubare Einheiten vorhanden sind. Die Sippe, der Stamm, die Großfamilie, das waren überschaubare Einheiten, für die ich mich noch mitverantwortlich fühlen konnte. Ich möchte in diesem Zusammenhang auf etwas zu sprechen kommen, was mir in unserer Zeit und unserer Gesellschaft fehlt, was ich mit „natürlichem Sakrament" bezeichnen möchte.

Natürliche Sakramente

Dies ist kein theologischer Ausdruck; dieser Begriff meint natürliche Vorgegebenheiten für das rechte Verständnis der „übernatürlichen Sakramente" (= die sieben Sakramente der katholischen Kirche). Wenn ein Kind vom ersten Augenblick seines Lebens an erfährt, daß es geliebt, gewollt, angenommen und geborgen ist, so würde ich das als das natürliche Sakrament der familiären Geborgenheit nennen. Es hat als Gegenstück die Taufe. In der Taufe wird mir bewußt, daß ich in der Familie Gottes geliebt, angenommen, geborgen bin.

Wenn der heranwachsende Jugendliche erfährt, daß er mit Verantwortung innerhalb der Familie betraut wird, so hat dies sein Gegenstück in der Firmung. Hier sollte dem jungen Christen bewußt werden: Es kommt in der Kirche auf *mich* an. Mir sind Verantwortung und Aufgaben übertragen. Wenn das Kind erfährt, daß ein festliches Mahl der Familie mehr ist als bloßer Nahrungsmittelnachschub, sondern ganz tiefe Erfahrung von Gemeinschaft, so hat dieses natürliche Sakrament der Mahlgemeinschaft sein Gegenstück in der Eucharistie, die mehr ist als Mittel zur Selbstheiligung und Ausdruck privater Frömmigkeit, sondern dichteste Erfahrung des brotgewordenen und auferstandenen Christus.

Wenn das Kind die unheilvolle soziale Auswirkung von Sünde und Schuld in der Familie spürt, gleichzeitig aber die heilende Kraft der Vergebung erfährt, bekommt es eine Ahnung von der sozialen Dimension des Sakramentes der Vergebung in der Gemeinschaft der Kirche.

Diese sogenannten natürlichen Sakramente setzen als Raum der Erfahrung wenigstens die Gemeinschaft der Familie oder, noch besser, der Großfamilie voraus. Ebenso können wir das rechte Verständnis der Sakramente nur im Zusammenhang mit der Kirche finden. Die Sakramente ohne Bezug zur Kirche werden zu unverständlichen Anhängseln an unserem Leben. Befragt man die Eltern: „Warum lassen Sie Ihr Kind taufen?“, so erhält man meistens die Antwort: „Damit aus ihm ein anständiger Mensch wird!“ Stellt man die gleiche Frage nach der Firmung, kommt meist gar keine Antwort mehr. Warum auch Firmung? „Weil's eben Brauch ist!“ Es ergibt sich nun die Frage: Wie können wir diese Mißverständnisse beheben? Sollen wir die Forderungen und Vorbereitung für das Sakrament intensivieren, damit daraus ein stärkeres Gemeindebewußtsein resultieren kann? Oder sollen wir das Gemeindebewußtsein intensivieren, damit in dieser lebendigen Gemeinde ein neues Sakramentenbewußtsein möglich wird? Wir brauchen diesen Zirkelschluß nur umzukehren, um zu einer Lösung zu finden.

Indem die Forderungen für den Sakramentenempfang radikal intensiviert werden, wird eine größere Wertschätzung und ein stärkeres Verantwortungsbewußtsein entstehen; das bewirkt einen stärkeren Gemeindebezug, eine stärkere Verbindlichkeit, und in dieser verbindlichen Gemeinde wird wieder das Sakrament noch intensiver erfahren werden. Auf die Notwendigkeit der verbindlichen, lebendigen Gemeinschaften werden wir noch im Zusammenhang mit dem Sakrament der Eucharistie zu sprechen kommen.

JEDEM WIRD DER HL. GEIST VERLIEHEN

1 Kor 12, 7: „*Jedem* wird die *Offenbarung des Geistes* zuteil, damit sie *anderen nützt*." In diesem Schriftwort stecken drei Aussagen, die wir näher betrachten sollen. Wenn wir vom Hl. Geist und seinen Gaben reden, dann denken wir an ganz besonders begnadete Menschen, an Heilige, an große Vorbildgestalten der Kirchengeschichte. Aber wir kommen selten auf den Gedanken, daß wir selber, daß alle mit dem Hl. Geist beschenkt und erfüllt werden. *Jedem* wird die Offenbarung des Geistes zuteil. Wer von Gott im Sakrament der Taufe und noch mehr im Sakrament der Firmung berührt wird, dem teilt er von seinem Geist mit. Ohne Unterschied der Person wird der Geist verliehen; Gott hat andere Maßstäbe, nach denen er seine Gnade verleiht. Gott gibt überreich, er offenbart seinen Geist; nicht bloß einen Funken, einen kleinen Lichtstrahl, sondern seinen Hl. Geist läßt er uns offenbar werden. Über das Wesen dieses Geistes wollen wir im nächsten Abschnitt sprechen. Wenn wir auch nicht erahnen können, was die Offenbarung des Geistes wirklich umfaßt, so ist es wohl das Größte, was Gott geben kann, sich selbst, Offenbarung und Teilhaben an seinem göttlichen Wesen.

Und ein drittes will uns das Schriftwort 1 Kor 12, 7 noch sagen: Offenbarung des Geistes wird gegeben, *damit sie anderen nützt*. Geistgabe ist niemals eine Gabe zur Privatheiligung, sondern immer mit der Zielrichtung gegeben, damit sie anderen nützt. Es stellt ein wesentliches Kriterium der Echtheit des Hl. Geistes dar, wenn sein Wirken dem Aufbau der Gemeinde dient.

Wer oder was ist der Hl. Geist?

Die Lehre der Kirche stellt uns den Einen Gott in drei Personen vor: Gott der Vater, Gott der Sohn, Gott der Hl. Geist. Unter Gott, dem Vater, können wir uns vielleicht noch etwas vorstellen: Schöpfer, Urgrund allen Seins, ewiger Anfang aller Dinge . . .

Unter Gott, dem Sohn, können wir uns noch eher etwas vorstellen; er ist ja die sichtbar gewordene Liebe Gottes, die deutlichste Selbstoffenbarung, der menschgewordene Gott.

Aber mit dem Hl. Geist haben wir immer Schwierigkeiten. Wir können und dürfen ihn uns nicht als menschliche Person vorstellen wie Jesus. Dann ist aber unser Vorstellungsvermögen schon erschöpft. Eine rein geistige Wirkmacht, so dicht, so stark, daß sie Person (= nicht im Sinne einer menschlichen Person) genannt werden kann, können wir uns nicht ausdenken. Aber wir sind es doch im Bereich von Technik und Physik gewohnt, mit Kräften zu operieren, die wir nicht beschreiben können, mit denen wir aber arbeiten. So wissen wir bis heute nicht, was elektrischer Strom und was Licht wirklich ist. Es gibt Arbeitshypothesen. Es gibt die Korpuskulartheorie oder die Wellentheorie vom Licht. Und wir wissen, das Licht ist weder Teilchen noch Welle. Aber wir können die Wirkungen des Stromes oder des Lichtes berechnen, und wir können damit arbeiten. Der Strom erzeugt Licht oder Wärme, er bewegt Motoren und Maschinen, obwohl wir ihn nicht definieren können. Ähnlich ergeht es uns mit der Kraft des Hl. Geistes. Wir können seine Wirkung feststellen, Veränderungen im Menschen, die er bewirkt. Wir können aber ihn selbst weder sehen noch beschreiben.

Das darf aber kein Hindernis sein, sich auf ihn einzulassen. Hl. Geist ist nur in Verbindung mit dem auferstandenen

Jesus Christus verstehbar. Jesus sprach davon, daß er immer bei uns bleiben wird. „Ich bin bei euch alle Tage bis zum Ende der Welt“ – (Mt 28, 20).

Er verheißt denen seine Gegenwart, die sich in seinem Namen versammeln. „Denn wo zwei oder drei in meinem Namen versammelt sind, da bin ich mitten unter ihnen“ – (Mt 18, 20).

In Jo 16, 16–24 spricht Jesus von einer kurzen Zeit der Trennung, aber von der großen Freude des Wiedersehens, die den Jüngern niemand mehr nehmen kann. In Jo 14, 18 f. geht es ebenfalls um eine kurze Zeit des Nichtsehens: „Ich werde euch nicht als Waisen zurücklassen, sondern ich komme wieder zu euch. Nur noch kurze Zeit, und die Welt sieht mich nicht mehr; ihr aber seht mich, weil ich lebe und weil auch ihr leben werdet.“ Nach dieser kurzen Zeit des Nichtsehens können die Jünger den Herrn sehen, die Welt kann ihn aber nicht sehen. Wenn Jesus als Mensch (auch als Auferstandener) nicht von den Jüngern geht, gibt es keine Geisterfahrung – Jo 16, 7.

Alle diese Schriftstellen deuten von verschiedenen Aspekten her darauf hin, daß es eine Gegenwart Christi in einer neuen Weise geben wird, eine Gegenwart in der Kraft des Hl. Geistes. Es gibt verschiedene Formen der Anwesenheit, der Gegenwart des Herrn: Gegenwart im Wort Gottes, Gegenwart im Menschen Jesus von Nazareth, Gegenwart als Auferstandener, Gegenwart im Gebet, Gegenwart in der Gemeinschaft, Gegenwart im Sakrament und vor allem Gegenwart des auferstandenen und erhöhten Christus im Hl. Geist. Die Pfingsterfahrung war eine Geisterfahrung und zugleich eine Erfahrung, daß Christus in einer ganz neuen Weise gegenwärtig ist: Gegenwart Christi in der Kirche, in der Kraft des Hl. Geistes. Jesus mußte in der Erscheinung des Auferstandenen von den Jüngern gehen, sonst wären sie darauf fixiert geblieben und hätten den *Christus zwischen uns* nicht erfahren können. Der Hl. Geist ist die Erfahrung des Christus zwischen uns. Geisterfahrung ist also vom Wesen her Gemeindeerfahrung. Die Apostel wurden nicht als Einzelwesen mit dem Geist erfüllt, sondern als betende Gemeinschaft. So wird nun auch klar, warum Geisterfahrung jahrhundertelang nur im Untergrund der Kirche, ja oft nur in

Splittergruppen und Sekten leben konnte, weil eine ganz unheilvolle Individualisierung das Gemeinde- und Gemeinschaftsbewußtsein ganz stark eingeschränkt hatte.

Ich möchte ein Beispiel bringen, um die vielleicht etwas theoretische Darlegung zu verdeutlichen.

Ein Entwicklungshelfer arbeitet bei einem Eingeborenenstamm mit großem Idealismus und selbstlosem Einsatz. Er weiß, daß sein Einsatz zeitlich begrenzt wird. So versucht er, die Eingeborenen zu einer selbständigen und eigenverantwortlichen Mitarbeit zu erziehen und sie in ihrer Persönlichkeit und vor allem im Umgang miteinander zu formen. Solange er noch in ihrer Mitte weilt, verlassen sich alle auf ihn. Erst nachdem er wieder in seine Heimat zurückgekehrt ist, wird offenkundig, was er wirklich geleistet hat. In den Eingeborenen erwacht nun die Verantwortung für das, was der Entwicklungshelfer begonnen hat. Die Fähigkeiten und Talente werden wach und auch eingesetzt. Die Idee zu der eigenständigen Lösung der Probleme kommt erst jetzt zur Verwirklichung, als der Entwicklungshelfer wieder weg ist. Aber sein Geist, seine Idee lebt fort in den Menschen. Etwas Ähnliches können wir uns vorstellen im Erlösungswerk. Jesus ist von uns gegangen. Aber er hat uns nicht als Waisen zurückgelassen. Er ist selbst in der Kraft seines Hl. Geistes in uns und vor allem zwischen uns wirksam und lebendig. Dazu mußte der sichtbare Christus von uns gehen, damit der im Geist erfahrbare Christus in uns und zwischen uns lebendig wird.

An mehreren Stellen der Apostelgeschichte wird berichtet, daß der Geist Gottes über die betende Gemeinde kam – Apg 2, 1–4, Apg 4, 31, Apg 10, 44–48, Apg 11, 15 f. Der Hl. Geist wird insbesondere in der Gemeinde erfahren. Er wirkt dann wohl sehr stark in das Herz des einzelnen, aber es ist der CHRISTUS im HL. GEIST gegenwärtig. In 1 Kor 14, 25 beschreibt Paulus, daß die Gegenwart des Christus im Hl. Geist in der betenden Gemeinde so intensiv sein solle, daß ein Fernstehender, der in diese betende Gemeinschaft kommt, auf die Knie fällt, Gott anbetet und ausruft: „Wahrhaftig, Gott ist bei euch!“ Damit meint Paulus offensichtlich die Begegnung mit dem CHRISTUS ZWISCHEN UNS. Wir können zur Verdeutlichung auch die Emmausjünger (Lk 24,

13–35) heranziehen. Solange sie in ihrer Verzweiflung ichbezogen sind, verbohrt sind in sich selbst, wirkt nichts zwischen ihnen; im Gespräch mit dem Auferstandenen beginnt ihr Herz zu brennen, und wenn der Funke überspringt, wird die „Krücke für den Glauben" – die Gestalt des Auferstandenen nicht mehr nötig, weil sie bereits eine Ahnung von der neuen Gegenwart Christi im Hl. Geist bekommen haben, einer Gegenwart, um vieles stärker, als sie mit den Augen oder mit dem Tastsinn (vgl. den ungläubigen Thomas Jo 20, 24–29) erfahren können. Richten wir unser Augenmerk nochmals auf die Schriftstelle Mt 18, 20: „Denn wo zwei oder drei in meinem Namen versammelt sind, da bin ich mitten unter ihnen." Mir scheint diese Stelle eine Verheißung zu sein, in der Jesus seine Nähe im Heiligen Geist, in der Gemeinschaft ankündigt. Bischof K. Hemmerle schrieb ein Buch mit dem Titel: „Der Himmel ist schon zwischen uns." Darin verweist er auf die neue Wirklichkeit, die sich zwischen uns ereignet. Wir sind heute am Endpunkt einer jahrhundertelangen Entwicklung zur Individualisierung. Immer mehr wurde der Einzelmensch gesehen. Immer mehr denkt man in der Ich-Kategorie statt in der Wir-Kategorie. So ist uns die Sensibilität für das, was zwischen uns sein könnte und sein sollte, verlorengegangen. Manches Mal entdecken wir noch Reste zwischenmenschlicher Wirklichkeiten, z. B. wenn wir vom Geist im Sinne einer Stimmung, eines Verhaltens oder einer Einstellung in einer Gruppe reden. So sagen wir z. B. in einer Schulklasse, in einer Jugendgruppe usw. herrscht ein guter Geist. Hier spüren wir noch etwas zwischen den einzelnen, das nicht bloß aus der Summe von Einzelmenschen stammt. Wir werden auf diese Wirklichkeit zwischen uns im Zusammenhang mit dem Sakrament der Eucharistie noch näher zu sprechen kommen.

Wenn ich vor mir die Bestandteile einer Uhr liegen habe, so ergibt das doch keine Uhr. Denn die Teile stehen in keiner Beziehung zueinander, es verbindet sie nichts. Erst die Idee des Konstrukteurs, des Uhrmachers, verbindet sie, und nun wirkt etwas zwischen ihnen, das sie zur Uhr macht. Wenn schon im materiellen Bereich Kräfte zwischen den Dingen feststellbar sind, die eben diese Dinge einer neuen Bestimmung zuleiten, so um so mehr auf der Ebene des Menschen.

Eine Summe von Menschen ergibt noch keine Gemeinschaft und schon gar keine Kirche. Wenn sie aber in Beziehung treten zueinander, dann werden sie gemeinsam etwas Neues. Die Schräubchen, Zahnräder, Zeiger und das Ziffernblatt ergeben erst dann eine Uhr, wenn jedes Teilchen seinen Platz gemäß einem höheren Plan einnimmt, wenn es sich einfügen läßt und in Funktion zu den anderen Teilchen tritt. Dann entsteht eine neue Einheit. Wenn die Menschen gemäß ihren Charismen (= Geistesgaben) sich nach dem Plan Gottes zusammenfügen lassen, wenn sie dann die ihnen zukommende Funktion erfüllen, dann entsteht Neues, dann entsteht und lebt Kirche, und wir können zu Recht sagen: Dann wird CHRISTUS gegenwärtig.

Paulus gebraucht immer wieder das Bild vom menschlichen Leib. Vor allem in 1 Kor 12–31a zeichnet er dieses Bild sehr deutlich. Wenn wir fragen: Was verbindet uns Christen in der Kirche? So müßte die klare Antwort sein: CHRISTUS, der auferstandene und erhöhte Herr ist in der Kraft seines Geistes die verbindende Kraft zwischen uns geworden.

Besinnen wir uns auf das, was uns Jesus im Weinstockgleichnis sagt: Jo 15, 1–8: „Ich bin der wahre Weinstock, und mein Vater ist der Winzer. Jede Rebe an mir, die keine Frucht bringt, schneidet er ab, und jede Rebe, die Frucht bringt, reinigt er, damit sie mehr Frucht bringt. Ihr seid schon rein durch das Wort, das ich zu euch gesagt habe. Bleibt in mir, dann bleibe ich in euch. Wie die Rebe aus sich keine Frucht bringen kann, sondern nur, wenn sie am Weinstock bleibt, so könnt auch ihr keine Frucht bringen, wenn ihr nicht in mir bleibt. Ich bin der Weinstock, ihr seid die Reben. Wer in mir bleibt und in wem ich bleibe, der bringt reiche Frucht; denn getrennt von mir könnt ihr nichts vollbringen. Wer nicht in mir bleibt, wird wie die Rebe weggeworfen, und er verdorrt. Man sammelt die Reben, wirft sie ins Feuer, und sie verbrennen. Wenn ihr in mir bleibt und wenn meine Worte in euch bleiben, dann bittet um alles, was ihr wollt: Ihr werdet es erhalten. Mein Vater wird dadurch verherrlicht, daß ihr reiche Frucht bringt und meine Jünger werdet." Getrennt von mir, könnt ihr nichts tun! Wir können zu Recht anderen sagen: Getrennt von deinem Bruder, deiner Schwester kannst du nichts tun, weil er in uns ist und wir in ihm sind.

Bei dieser Sicht des Hl. Geistes als CHRISTUS ZWISCHEN UNS bekommen wir vielleicht eine Ahnung, wo die Ursachen für die Schwierigkeiten der Christen und die Kraftlosigkeit der Kirche liegen. Die Glieder des Leibes Christi sind zerteilt. So kann der Geist nicht wirken und Christus nicht in seiner Kirche gegenwärtig werden.

Andererseits begreifen wir auch, warum die Aufbruchsbewegungen eine solche Ausstrahlung haben, weil in ihnen Menschen zusammenwirken, sich nach dem Plan Gottes einordnen lassen in eine wunderbare Einheit und Gemeinschaft. Und plötzlich beginnt neues Leben zu pulsieren; der Geist lebt, wirkt und verwandelt die Menschen.

CHRISTUS ZWISCHEN UNS – SINNGEBUNG UND WELTVERANTWORTUNG

Ich habe einmal ein meditatives Spiel gesehen, das von Jugendlichen zum Thema „Heiliger Geist" vorgeführt wurde. Etwa 50 Jugendliche befanden sich in einem Stadion. Sie trugen jeder eine etwa 1 m^2 große Fläche über ihrem Kopf wie einen Schirm. Alle bewegten sich nach einem bestimmten Plan aufeinander zu. Auf den Flächen, die sie trugen, waren Farbflecken und Linien zu sehen, die aber keinen Sinn ergaben. Erst als sie alle ihre Flächen zu einem Bild zusammengefügt hatten, entstand ein großes Bild, das Christus darstellte. Dieses Spiel kann sehr gut verdeutlichen, was der Heilige Geist in uns bewirken möchte, und wie er Christus in unserer Mitte gegenwärtig machen will. Jeder trägt in sich einen Teil dieses Christusbildes. Wenn wir uns nicht zusammenfügen lassen, so sind die einzelnen Teilbilder in sich sinnlos. Erst in der Zusammenschau ergibt sich ein Sinn. So kann uns dieses Spiel noch eine weitere wesentliche Wahrheit verdeutlichen: Sinn finde ich nicht in mir, sondern in der Beziehung zu anderen. Seit Jahrhunderten vollzog sich eine Entwicklung zum Individualismus und zur Privatisierung des Lebens. Heute stehen wir vor einem zerstückelten, atomisierten Trümmerhaufen der Gesellschaft des Wissens, des Lebens überhaupt. Und je mehr die große Einheit zerstört wurde, um so mehr ging der Sinn verloren. Und heute stellt die Sinnfrage *die* Kernfrage unserer menschlichen Existenz dar. Man könnte es in einem Vergleich so ausdrükken. Wir haben z. B. ein Auto in sämtliche Bestandteile zerlegt. Wir wissen jetzt zwar sehr viel über das Innenleben der Maschine, aber wir können den Sinn der einzelnen Teile nicht mehr erkennen. Ich weiß nicht, warum z. B. diese Schraube gerade so geformt wurde und nicht anders. Der Sinn wäre mir klar, wenn die Schraube noch an ihrem vorgesehenen Platz wäre. Im Zusammenwirken der Teile erhält jedes seinen Sinn und seine Bestimmung.

Wir müssen heute in zunehmendem Maße feststellen, daß unsere Welt- und Wirklichkeitserklärungen versagen. Wenn ich vor mir einen Behinderten sehe, so sehe ich ihn isoliert, und ich kann mir nicht vorstellen, daß ein solches Leben sinnvoll sein soll. Wenn dieser Behinderte organisch eingegliedert wäre in eine christliche Gemeinschaft, könnte er für sich eine Sinngebung finden, und auch die anderen könnten diesen Sinn erfahren. Oftmals habe ich von Menschen, die mit Behinderten zusammenleben, die Feststellung gehört, wie wichtig diese behinderten Menschen für ihr Leben und für ihre eigene Sinnfindung geworden seien. Denken wir nochmals an das Spiel mit den Mosaikteilen des Christusbildes. Der eine, der auf seiner Teilfläche nur wirre Linien sieht, wird sich fragen, ob diese Fläche wohl jemals in ein sinnvolles Bild eingeordnet werden kann. Vielleicht sagt er sich: Ich entferne mich, ich ziehe mich zurück, denn ich störe nur das Entstehen eines sinnvollen Bildes. Oder ein anderer verstößt ihn, weil aus seiner Teilfläche allein kein Sinn ersichtlich wird. Erst wenn er sich zusammenfügt mit anderen, erkennt er, daß das Gewirr von Linien auf den Teilflächen der anderen seine Fortsetzung findet. So kann man die Kurzformel aufstellen: In der Beziehung zum DU finde ich die Erklärung für mein ICH. Oder anders gesagt: Indem ich mich den Nöten und Fragwürdigkeiten der anderen zuwende, lösen sich meine eigenen wie von selbst. Es handelt sich immer um ein und dieselbe Erfahrung: In der Beziehung finde ich Sinn, Erfüllung, Antwort, . . . Christus.

Als ich vor kurzem beim Mechaniker auf die Beendigung

der Reparatur an meinem Auto wartete, warf ich einen Blick in das Ersatzteillager. Alles war hier genau in den Regalen eingeordnet. Aber ich konnte den Sinn der einzelnen Teile nicht erkennen. Da dachte ich mir: Das ist ein Symbol unserer Gesellschaft – alles genau eingeordnet in einem Regal: die Gesunden, die Kranken, die Hochleistungsmenschen, die Behinderten, die Jungen, die Alten . . . Und keiner findet mehr einen Sinn darin. Derjenige, der Spitzenleistungen vollbringt, fragt: Wozu? Der Behinderte fragt: Warum? Der Kranke fragt: Warum ich? Warum jetzt? Der Alte fragt: Wie lange noch? Was dann? Und nirgends eine Antwort.

Hier liegt der Auftrag und die Chance der Kirche. Während überall die Sinnfrage unbeantwortet auf dem Menschen lastet und immer gefährlichere Auswüchse treibt, sollten in der Kirche durch die vom Heiligen Geist gewirkten Beziehungen Antwort und Sinn erfahrbar werden. Gefirmt sein bedeutet demnach: Sich in das Bild des auferstandenen Christus einfügen lassen. Jeder trägt in sich etwas vom Bild des Christus. Aber für sich allein gesehen, kann man nichts erkennen. Erst wenn er einer Gemeinschaft angehört, findet er durch die Beziehung für sich die Antwort und kann wiederum zur Antwort für andere werden. Ein Grund für die heutige Aktualität des hl. Franziskus von Assisi liegt sicher darin, daß er wie kaum ein anderer die ganze Schöpfung in einer wunderbaren Zusammenschau sah. Nur in dieser Zusammenschau finden wir Sinn und Antwort. Immer mehr Theologen äußern die Ansicht, daß der Christ von morgen unbedingt einer verbindlichen Gemeinschaft angehören müsse. Gemeint ist damit eine kleine, überschaubare Gemeinschaft, nicht eine Pfarre mit 20.000 Christen. Nur so können wir der Zerrissenheit dieser Welt wirklich eine Alternative entgegensetzen. Jesus hat uns nur ein einziges Merkmal der Jüngerschaft gegeben: „Daran soll die Welt erkennen, daß ihr meine Jünger seid, wenn ihr einander liebt" – (Jo 13, 35).

Die Charismen – die Gaben des Hl. Geistes

In 1 Kor 12, 8–11 oder in 1 Kor 12, 28 finden wir Aufzählungen von Geistesgaben, die aber keineswegs eine Vollzähligkeit für sich beanspruchen. Wir dürfen ruhig sagen, es gibt unzählige Gaben des Hl. Geistes. Was eine Geistesgabe bedeutet, verstehen wir am besten im Hinblick auf das im vorangehenden Kapitel Gesagte. Es gibt einen Plan Gottes. Nehmen wir zum Vergleich nochmals die Teile einer Uhr. Eine Schraube kann verschiedenen Zwecken dienen; wenn diese Schraube sich aber in die Idee des Uhrmachers einfügen läßt, erhält sie eine besondere Aufgabe in einem größeren Ganzen. So hat auch jeder Mensch verschiedene Fähigkeiten. Manche kennen wir vielleicht gar nicht. Wenn wir uns vom Geist Gottes in seinen wunderbaren Plan von der neuen Schöpfung einfügen lassen, weckt der Geist in uns ganz bestimmte Gaben, die dem Aufbau der Kirche und dem Leben der neuen Schöpfung dienen.

Es kommt dabei nicht auf großartige menschliche Talente und Voraussetzungen an, sondern allein auf die Offenheit für den Geist und darauf, wieviel ich ihm zutraue. „Ich vermag alles durch ihn, der mir Kraft gibt" – (Phil 4, 13). Die Kraft Christi kommt vielleicht gerade in unserer Schwachheit noch mehr zur Wirkung – (vgl. 2. Kor 12, 9). Es gibt genügend Beispiele in der Kirchengeschichte, wo Menschen ohne besondere Voraussetzungen im Dienste der Kirche Großes wirkten, weil sie eben getragen und getrieben waren von der Kraft des Hl. Geistes. Der heilige Johannes Vianney, Pfarrer von Ars, war wirklich kein sonderlich intelligenter Mensch, und reden konnte er auch nicht. Die Bischöfe wollten ihn wegen mangelnder Tauglichkeit nicht einmal zum Priester weihen. Er wurde aber zum großen Ratgeber und Seelenführer für Tausende Menschen. Bei Gott gelten andere Maßstäbe.

Unter der Fülle von Charismen gibt es solche, die im Aufbau der Kirche besondere Bedeutung haben. Ich möchte hier einige hervorgreifen. Das Charisma der Prophetie, das Charisma der Unterscheidung der Geister, das Charisma der Heilung.

Charisma der Prophetie

Wenn wir von einem Propheten sprechen, denken die meisten Menschen an einen, der die Zukunft voraussieht und voraussagt. Dies kann schon geschehen, aber der wesentliche Dienst des Propheten besteht darin, ganz offen zu sein für Gott und sich selbst zum Sprachorgan für Gott zu machen. Der Prophet deutet die Ereignisse der Geschichte als Heilsereignisse. Er gibt Weisungen für einzelne und für die Kirche. Lange Zeit ist dieses Charisma durch kirchengeschichtliche Entwicklungen verdrängt worden. Überhaupt sind die Charismen in den ersten beiden Jahrhunderten der Kirchengeschichte noch sehr lebendig gewesen. Allmählich haben dann die kirchlichen Amtsträger (Bischöfe, Priester, Diakone) die Charismen aufgesaugt, und die freie Ausübung der Charismen trat ganz in den Hintergrund. Stellen wir uns vor, bei einem Pfarrgottesdienst würde während der Kommunionsstille plötzlich ein Mann aus dem Volk ungeplant aufstehen, ans Mikrophon gehen und sagen: „Brüder und Schwestern. Mir ist jetzt in der Stille, im Hinhorchen auf Christus ein Wort bewußt geworden, das ich euch sagen möchte: Dieses Wort stammt aus dem 2. Timotheusbrief (2 Tim 1, 7), und lautet: Ich habe euch nicht einen Geist der Verzagtheit gegeben, sondern den Geist der Kraft, der Liebe und der Besonnenheit. Denken wir nach, was Gott uns mit diesem Wort sagen will." Die Gemeinde wäre wahrscheinlich, wenn sie solches nicht gewohnt ist, überrascht, betroffen, verwundert, verärgert . . .

Aber vielleicht gibt es solche, die wirklich hinhorchen und sich fragen, was Gott wohl durch dieses Schriftwort gerade jetzt der Gemeinde sagen will. Und siehe da! Einige Tage später wird bekannt, daß der alte Pfarrer in den Ruhestand tritt und die Pfarre nicht mehr besetzt wird. Jetzt dämmert in ihrer Verzagtheit vielen aus der Gemeinde auf, wie dieses Wort gemeint sein könnte. Solcherlei ist jahrhundertelang unüblich gewesen. Heute bricht es aber weltweit durch die Erneuerungsbewegungen, vor allem durch die geistliche Gemeindeerneuerung (auch charismatische Erneuerung genannt) in den Gemeinden und Gebetsgruppen auf. Gott kann einzelnen in besonderer Weise diesen Geist der Prophetie schenken, um anderen eine Antwort zu geben, Richtung zu weisen, Trost zu spenden, Kritik zu üben . . ., eben Sprachorgane Gottes zu sein. Ein prophetisches Wort entspringt nicht menschlicher Überlegung, sondern steigt im Hinhorchen aus dem Inneren auf. Der heilige Benedikt schreibt in seiner Ordensregel, man solle auch die jüngeren Brüder anhören, denn der Geist Gottes gibt manchmal auch einem Jüngeren ein Wort ein, das richtungweisend für eine Kommunität sein kann.

Charisma der Unterscheidung der Geister

Nicht alle Kräfte, die uns beeinflussen, stammen vom Heiligen Geist. Es gibt auch den Ungeist, den Geist der Verwirrung. So wie wir den Hl. Geist nicht sehen können, sondern nur seine Auswirkung feststellen, so ist auch der Ungeist, der Geist des Bösen nicht greifbar, sondern nur in seiner Auswirkung identifizierbar. Unsere Welt ist so wirr und kompliziert geworden, daß es sehr schwer fällt, die Geister zu unterscheiden. Deshalb hat Gott seit jeher Menschen mit der besonderen Fähigkeit ausgestattet, die Geister zu unterscheiden, die Dinge beim Namen zu nennen, das Böse aufzudecken und dem Guten zum Durchbruch zu verhelfen. Auch wenn es diesen Menschen vielleicht oft gar nicht bewußt war, daß sie im Dienste Gottes handelten. Das tritt sehr häufig auf, wenn Gott Menschen mit Charisma ausstattet, daß es dem Betreffenden gar nicht auffällt, was er sagt und tut. Er hat kaum das Gefühl, etwas Bedeutsames zu sagen oder zu vollbringen. Dadurch besteht auch nicht so sehr die Gefahr, daß man sich etwas darauf einbildet.

Schon bei den bisherigen Ausführungen über die Prophetie und die Unterscheidungsgabe merken wir, daß man diese Fähigkeit vom Priester erwartet. Im Lauf der Jahrhunderte wurde dieses Charisma mit dem Priestertum verkoppelt. Eine ausschließliche Ausübung dieser Charismen durch den

Priester ist aber weder einsichtig, noch läßt sie sich aus der Heiligen Schrift ableiten. Sicher wäre es gut, wenn der Priester so offen wäre für Gott, daß er wirklich Gottes Worte spricht und nicht seine eigenen und damit zum Prophet würde; und wenn er immer mit Treffsicherheit positive und negative Entwicklungen und Strömungen unterscheiden könnte. Aber es wird die Gemeinschaft der Kirche sehr bereichern und ihr Wachstum fördern, wenn diese Charismen auch wieder in anderen wach werden.

Charisma der Heilung

Dieses Thema möchte ich im Zusammenhang mit der Firmung nur kurz streifen, weil es beim Sakrament der Krankensalbung ausführlicher behandelt wird.

Gott spricht zu jeder Zeitepoche in einer angemessenen und verstehbaren Sprache; und Gott handelt an den Menschen jeder Zeitepoche so, daß dieses Handeln in einem Zusammenhang mit dem geistesgeschichtlichen Hintergrund geschieht. So wie Jesus vor 2000 Jahren gesprochen und gehandelt hat, war es für seine Zeitgenossen entsprechend. Heute würde er wahrscheinlich eine andere Sprache wählen und andere Zeichen setzen.

Das Charisma der Heilung ist in der Kirche nie erloschen. Es hat nur immer wieder andere Formen angenommen. Auch heute geschieht Heilung. Heilen kann nur Christus. Und wenn heute Heilung geschieht, so kann es nur Christus tun. Je stärker Christus gegenwärtig ist, um so stärker ist die heilende Kraft, die auch heute von ihm ausgeht. So müssen wir das Heilungscharisma besonders intensiv im Zusammenhang mit der Gesamtkirche verstehen. Die Frömmigkeit eines einzelnen bewirkt nicht die Heilung. Aber die Heilung kann Zeichen für den in seiner Kirche gegenwärtigen Christus werden. Je intensiver der CHRISTUS ZWISCHEN UNS lebt und wirkt, um so eher wird in einzelnen Gliedern einer von Christus geprägten Gemeinschaft das Charisma der Heilung zum Durchbruch gelangen. Und gerade unsere Zeit und unsere Gesellschaft ist krank und benötigt dringend Heilung. So wäre es ein besonderer Dienst der Gefirmten, Heilung in diese kranke Welt auszustrahlen.

SOZIALES BETEN – BETEN IM GEIST

Es ist nicht dasselbe, wenn ein einzelner betet oder wenn eine Gemeinschaft betet. Aber wenn mehrere zusammen beten, so ist das noch lange nicht das Gebet einer Gemeinschaft. Eine bloße Ansammlung von Menschen nennt man auch noch nicht Gemeinschaft, dazu sind zwischenmenschliche Beziehungen nötig, damit man von Gemeinschaft reden kann. Ebenso verhält es sich mit dem Gebet. Wenn im Gebet zwischen den Menschen Bindungen da sind, kann aus dem einzelnen Betenden eine betende Einheit werden. Diese Form des Betens steht höher als das Gebet des einzelnen. Wie geht das vor sich, daß aus dem Gebet einzelner, auch wenn sie es zusammen verrichten, ein Gebet der Gemeinschaft wird?

Grundvoraussetzung stellt Vertrauen und Liebe zwischen den Betenden dar. Das ist eine ganz wichtige Vorbedingung, die leider oft in unseren Gottesdienstgemeinden fehlt. Sind mir die anderen, mit denen ich zusammen Eucharistie feiere, ein Herzensanliegen? Wir brauchen gar nicht in Streit oder Feindschaft zu leben, aber es ist oft keinerlei Beziehung oder Bindung da. Die Menschen sind mir fremd. Ich treffe sie nur im Gottesdienst. Wo keine Bindung, keine Beziehung, keine Verbindlichkeit da ist, fehlt schon eine Grundbedingung für das Beten einer Gemeinschaft. Natürlich kann man mit Menschen beten, die man gar nicht kennt und mit denen mich noch nichts verbindet, aber dann kann es eben nur eine Summe von einzelnen Gebeten sein, die hier zusammentreffen. Wenn aber zwischen den Betenden starke Gemeinsamkeiten da sind und wenn sie in Vertrauen und Liebe offen sind füreinander, ist eine wesentliche Voraussetzung gegeben, daß der Geist Gottes in diesen Menschen und zwischen ihnen beten kann. „Wir wissen nämlich gar nicht, wie wir in rechter Weise beten sollen; aber der Geist nimmt sich unserer

Schwachheit an und betet in uns mit Seufzen, das wir nicht in Worte fassen können" – (Röm 8, 26).

Allerorts entstehen Gebetsgruppen, die in Gemeinschaft beten wollen. Damit sie aber wirklich als Gemeinschaft beten können, d. h. daß der Geist Gottes in ihnen als betende Einheit wirksam und erfahren werden kann, müssen sie einen Entwicklungsprozeß durchlaufen. Freies Gebet war bis auf wenige Ausnahmen jahrhundertelang unüblich. Wenn Menschen beginnen, frei zu beten, sind zuerst große Hindernisse zu überwinden: Schon voreinander, Angst vor Blamage, wenn man etwas nicht gut formuliert . . . Dies ist die Anfangsphase. Da wirkt jeder noch auf seinen freien Gebetsbeitrag so sehr konzentriert, daß er vielleicht die anderen freien Gebete gar nicht bewußt wahrnimmt. Im nächsten Schritt beginnt ein Horchen nach innen. Wenn jemand ein freies Gebet spricht, horchen alle nach innen: Welches Echo erzeugt das Gesagte in mir? Da kann in einem plötzlich eine Schriftstelle laut werden. Und er spricht sie aus als Antwort auf das soeben Gesagte, vielleicht ohne den Zusammenhang zu wissen, wieso diese Schriftstelle zu dem vorigen Gebetsbeitrag einen Bezug hat. Der Funke des Gebetes springt von einem zum anderen über. Wichtig ist die Stille – immer wieder Hinhorchen, was der Geist in den einzelnen laut werden läßt. Wenn mir ein Wort geschenkt wird, d. h. daß es mir eben „einfällt", und wenn ich dann spüre, ich kann das nicht sagen, was werden die anderen denken, das kommt ihnen nicht besonders klug vor, da löschen wir den Geist aus – (1 Thess 5, 19). Wenn dieses Wort aber ohne Angst und Bedenken gesagt werden darf, dann wird dem Geist für sein Wirken Raum geschaffen. Wenn wir 1 Kor 14, 26–33 lesen, finden wir eine Anweisung des Paulus für ein solches Gebet. Auch in Kol 3, 12–17 finden wir Hinweise für ein solches Gebet . . .

Gegenseitige Ermutigung, Vergebung, Liebe, Freude, Einheit, brüderliche Zurechtweisung – alles Voraussetzungen für das Beten im Geist.

Dann wird es möglich, im Herzen Psalmen, Hymnen und Lieder zu singen, wie sie der Geist eingibt, weil wir dann in Gottes Gnade leben.

Gemeinden, Gruppen, Ordensgemeinschaften, die in dieser

Weise mitsammen beten, werden vom Geist geheiligt und zu einer ganz tiefen Einheit geführt. Damit dies aber gelingen kann, müssen die oben genannten Vorbedingungen vorhanden sein. Vielleicht ist deshalb in vielen Ordensgemeinschaften die Ausstrahlung und das Charisma der Gründer erloschen, weil die Vorbedingungen für eine Einheit im Geist und für ein Beten im Geist fehlen.

Gefirmt - Volljährig

Das gleiche, was über die Bedingungen für den Empfang der Taufe gesagt wurde, müßte auch beim Sakrament der Firmung gefordert werden. Es beginnt schon mit der Festsetzung des Firmalters. Der Staat setzt fest, daß man erst mit 19 Jahren ein volljähriger Staatsbürger mit allen Rechten und Pflichten sein kann. Wie kann man dann entgegen allen psychologischen Erkenntnissen meinen, daß ein 13- oder 14jähriger zu solch tiefgreifenden Entscheidungen fähig sei? „Gefirmt-Sein“ bedeutet, als vollwertiges Mitglied in der kirchlichen Gemeinschaft zu leben, d. h. vor allem durch den Glauben und durch die Liebe beizutragen, daß die Kirche als glaubwürdige Gemeinschaft vor der Welt ein Zeugnis ablegen kann. Wir brauchen auch hier keine Angst zu haben, wenn die Firmlinge nicht mehr in endlosen Schlangen vor den Firmspendern antreten. Das Zeugnis einiger weniger wird größer und glaubwürdiger sein als das Ärgernis, das dadurch gegeben wird, daß viele Firmlinge bereits am Sonntag nach ihrer Firmung am Gottesdienst und überhaupt am Leben der Gemeinde nicht mehr teilnehmen und erst bei der Trauung zum nächsten Mal in der Kirche erscheinen.

Es wird notwendig sein, die jungen Christen in einem entsprechenden Alter zu einer reifen Entscheidung für Christus und seine Kirche zu führen, oder dort, wo die Firmung im Kindesalter gespendet wurde, später zu einer bewußten Bejahung und Erneuerung der Firmung hinzuführen.

Eucharistie – Brotgewordene Liebe Gottes

Gott wird arm, Gott wird Mensch, Gott wird Brot

Wem ist es noch nicht so ergangen, daß man Liebe, die von einem Höhergestellten geschenkt wurde, als demütigend empfand. Der ist ja mächtiger als ich, der kann leicht so von oben herab mir ein wenig Mitleid zukommen lassen!

Liebe kann sich erst so richtig entfalten, wenn die Liebenden annähernd auf der gleichen Ebene stehen oder wenn die Liebe so stark ist, daß sie alles Trennende überwindet. Wird nicht manchesmal ein Standesunterschied oder ein unterschiedliches Bildungsniveau zu einem Problem in der Ehe?

Der Mensch hatte es als demütigend und als eine unzumutbare Abhängigkeit empfunden, sich von Gott „von oben herab" lieben zu lassen. So ist die Beziehung zwischen Gott und Mensch gestört und zerstört worden. Gott aber hat von seiner Liebe zum Menschen nicht abgelassen, sondern er ging ihm in seine selbstgeschaffene Einsamkeit nach. Aber es fiel dem Menschen schwer, das erneute Liebesangebot des allmächtigen Gottes anzunehmen. Kann dies wirklich eine Liebe sein, wenn ich hier unten in Dunkelheit und Kälte sitze und immer auf seine Gnadengeschenke angewiesen bin? Damit jeglicher „Vorsprung" Gottes wegfiel, ging Gott dem Menschen immer mehr entgegen, hat immer mehr auf seine Göttlichkeit verzichtet, um dem Menschen die Echtheit seiner Liebe erlebbar zu machen. „Er entäußerte sich selbst, gab alles Göttliche auf und wurde uns Menschen in allem gleich" – (vgl. Phil 2, 6 f.).

Er wurde arm, wehrlos, sterblich. Und dies alles nur, um uns die Ehrlichkeit seiner Liebe zu zeigen. Nur wenn wir diese Liebe annehmen, sind wir gerettet. Er wurde arm als Kind im Stall von Betlehem, er wurde wehrlos ans Kreuz geschlagen, und er bleibt in dieser armgewordenen Liebe im Brot bei uns für alle Zeit, bis wir eins sind mit ihm und einst unverhüllt seine Liebe sehen und annehmen können.

WANDLUNG

Wenn wir über das Geschehen der heiligen Wandlung nachdenken, kommt uns das nicht manchesmal vor wie Magie? Vom Verstand her verbieten wir uns solche Parallelen zu einer Jahrmarktszauberei, aber wie sollen wir uns dieses geheimnisvolle Geschehen erklären? Vorher ist Brot da, nachher auch; nur sagt man uns: Das ist der Leib Christi! Wer soll das begreifen!

„Der Verstand verstummt beklommen, nur das Herz begreift's allein."

So heißt es in einem alten Hymnus zum Fronleichnamsfest. Wenn ich jetzt einige Vergleiche bringe, um dieses Geheimnis näherzubringen, so möchte ich doch klarstellen: Die Eucharistie bleibt für den menschlichen Verstand ein Geheimnis; und jeder Versuch, sie rational zu erklären, wird kläglich scheitern oder in der Sackgasse einer Irrlehre landen. So möchte ich die folgenden Vergleiche nur als Hilfe verstehen, um sich an das Geheimnis heranzutasten. Die letzte Erkenntnis kann nur das glaubende Herz gewinnen, wenn wir wie der ungläubige Thomas auf die Knie fallen und gläubig bekennen: „Mein Herr und mein Gott!"

Ich bin überzeugt, daß wir täglich Verwandlungen von Gegenständen bewirken, ohne daß uns dies so recht bewußt wird. Wenn sich z. B. zwei junge Menschen verloben wollen, so gehen sie in ein Juweliergeschäft. Der Juwelier zeigt ihnen viele Verlobungsringe. Dann wählen sie zwei Ringe aus. Und plötzlich sind diese Ringe, die sie einander schenken und an den Finger stecken, nicht mehr ein anonymer Metallgegenstand. Der Ring ist sichtbarer Ausdruck der Liebe des anderen geworden. Und wenn etwa das Mädchen den Ring verliert, so kann sie zwar zum Juwelier gehen und den gleichen Ring nochmals kaufen, aber es ist nicht mehr jener Ring, den ihr Verlobter ihr damals geschenkt hat. Der tote Gegenstand wird plötzlich in ein lebendiges Symbol der Liebe verwandelt. So geht es bei jedem Geschenk, das ich irgend jemandem bereite. Eine zuvor anonyme Sache wird durch den Vorgang des Schenkens verwandelt. Warum trennen wir uns von manchen Dingen so schwer? Weil sich in ihnen etwas von der Liebe eines Menschen kristallisiert. Wenn ich meine Sammlung von Geschenken betrachte, fühle ich, wie diese Geschenke eine Brücke von mir zum Schenkenden schlagen.

So hat Jesus durch seine Liebe das Brot verwandelt. So wie der Ring der Verlobten vor dem Kauf und nachher gleich aussieht, so ist auch das eucharistische Brot vorher und nachher Brot. Es sieht aus wie Brot, es schmeckt wie Brot, und doch ist es unverwechselbar verwandelt. Jesus schenkt es mir. Jesus schenkt aber nicht nur irgend etwas, einen Teil seiner Liebe, sondern er schenkt sich selbst.

Auch dazu möchte ich einen Vergleich bringen.

Nehmen wir an, einem Krebsforscher gelänge es, ein Heilserum gegen Krebs zu finden. Allerdings gibt es da noch ein Problem. Es müßte sich ein Gesunder finden, der sich freiwillig mit Krebs infizieren läßt und daran stirbt, damit aus seinem Körper das Heilserum gewonnen werden kann. (Alle Vergleiche hinken, und so soll nicht auf das ethische Problem eingegangen werden.) Angenommen, es findet sich ein Freiwilliger, der sich für die Gewinnung des Serums zur Verfügung stellt. Wenn ich dann vielleicht Jahrzehnte später an Krebs erkranke und dieses Wundermittel injiziert bekomme, so kann ich mit Recht sagen: Dieser heldenhafte Mensch schenkt mir in der Injektion sein Leben, und er starb dafür meinen Tod.

Christus hat sich freiwillig mit dem Krebs der Sünde infizieren lassen. Er starb unseren Tod und gibt sich uns als Heilmittel, als Lebensmittel.

Die Gegenwart Jesu im Sakrament der Eucharistie ist nicht eine statische, wie z. B. hier ein Tisch steht und dort ein Sessel. Dem Tisch ist es egal, ob ich ihn liebe oder hasse. Die Gegenwart Jesu wirkt anders als ein Museumsstück in einer Vitrine. Sie wirkt dynamisch. Sie schafft Beziehung. Sie tritt in Beziehung zu uns. Jesus sagt: „Dies ist mein Leib, der für euch hingegeben wird." Sein Geschenk richtet sich an einen konkreten Empfänger, eben an mich, an dich . . . Und durch das Schenken, das „Sich-Verschenken", entsteht Beziehung, wenn ich das Geschenk annehme und die Liebe entdecke, die sich mir im Geschenk verbirgt.

Allerdings dürfen wir die Gegenwart Jesu im Sakrament nicht abhängig machen von der Glaubenseinstellung oder der Offenheit der Teilnehmer an einer Eucharistiefeier. Das Angebot Jesu richtet sich an alle: „Dies ist mein Blut, das für euch und für alle vergossen wird zur Vergebung der Sünden." Aber so wie ein Geschenk erst dann seine Bestimmung ganz erfüllt, wenn es dankbar angenommen wird, so wartet Jesus auch auf unsere gläubige Offenheit. In diesem Punkt der Eucharistielehre gibt es noch Differenzen zu manchen evangelischen Lehrmeinungen, die besagen, daß Jesus für mich gegenwärtig sei, wenn ich daran glaube. Dies steht aber im Widerspruch zu 1 Kor 11, 29, wo Paulus schreibt, daß ich mir durch das kritiklose und unwürdige Essen der eucharistischen Gaben das Gericht zuziehe. Handelte es sich aber auf Grund des Mangels an Glauben ohnedies nur um Brot und Wein, so könnte ich mir dadurch nicht das Gericht zuziehen. Jesus ist da, ist für mich da. Ich muß mich erst brennenden Herzens wie die Emmausjünger im Glauben an diese Gegenwart herantasten, bis mir die Gegenwart auf einmal zur Klarheit und Gewißheit wird. Dann gilt auch für mich die Seligpreisung Jesu:

„Selig, die nicht sehen und doch glauben!" (Joh 20, 29).

KOMMUNION – EINSWERDEN MIT DEM BROT

Das Anschauen des Brotes genügt nicht; Brot ist vom Wesen her zum Essen da. Jesus hat mit Absicht als Zeichen seiner Gegenwart Speise und Trank gewählt. Denn das Essen und Trinken sind ein zeichenhafter Vorgang des Einswerdens. Oftmals hat Jesus von diesem Einswerden gesprochen – (Joh 15, 1–8; Joh 17, 20–26).

In der großen Brotrede in der Synagoge von Kafarnaum hatte Jesus seine Zuhörer aufgefordert, das Brot zu essen, als das er sich selber hingibt. „Ich bin das Brot, das vom Himmel herabgekommen ist. Wer von diesem Brot ißt, wird in Ewigkeit leben" – (Joh 6, 51).

Das hatte die Zuhörer erregt, und sie fragten: „Wie kann uns dieser sein Fleisch zu essen geben?" Und Jesus sagte zu ihnen: „Amen, amen, ich sage euch: Wenn ihr das Fleisch des Menschensohnes nicht eßt und sein Blut nicht trinkt, habt ihr das Leben nicht in euch" – (Joh 6, 52 f.). Erschrecken nicht auch wir bei dieser Forderung vom Essen des Fleisches und vom Trinken des Blutes? Wir sind doch keine Kannibalen!

Zunächst einmal müssen wir uns klar werden, daß Jesus Jude war und daß seine Zuhörer größtenteils Juden waren. Das heißt, sie dachten anders als wir Menschen des 20. Jahrhunderts. Fleisch und Blut sollen sicher nicht nur symbolisch verstanden werden, sondern sehr konkret. Unser Mathematikprofessor hämmerte uns die Formeln ein, bis sie uns in „Fleisch und Blut" übergegangen waren. Was meint diese Redewendung? Wenn mir etwas in Fleisch und Blut übergeht, so ist es leibhaft in mir. Blut – das war für den Juden Sitz der Seele.

Auf das Messiasbekenntnis des Petrus antwortete Jesus: „Selig bist du Simon Barjona; denn nicht Fleisch und Blut haben dir das geoffenbart, sondern mein Vater im Himmel" – (Mt 16, 17).

Vielleicht kann uns diese Stelle im Verständnis der Begriffe „Fleisch und Blut" ein wenig weiterhelfen. Wenn Jesus da dem Petrus antwortet, daß diese Erkenntnis nicht aus Fleisch und Blut stamme, so meint er offensichtlich, daß sie nicht aus dem komme, was unser Menschsein ausmacht, eben unsere gesamte leib-seelische Existenz. Gott will uns leibhaft nahe sein. Es ist doch seltsam, daß man früher den Teufel „der Leibhaftige“ nannte. Offensichtlich war der Teufel den Menschen leibhaft näher als Gott; dabei verdiente Jesus durch seine Menschwerdung und Brotwerdung doch viel eher den Titel „der Leibhaftige“; denn vom Teufel wird nirgendwo berichtet, daß er wahrhaft Mensch wurde. Gott ist mir nahe in dem, was meine Leibhaftigkeit ausmacht. Gott schwebt nicht in unendlicher, unzugänglicher Ferne, von wo aus er mir gute Ratschläge zukommen läßt, wie ich am besten zu ihm gelange, sondern er ist uns leibhaft nahegekommen in seiner Menschwerdung. Im 1. Johannesbrief heißt es: „Jeder Geist, der bekennt, Jesus Christus sei im Fleisch gekommen, der ist aus Gott“ – (1 Joh 4, 2).

Wenn ich mich sehr verlassen, verloren und traurig fühle, und dann kommt jemand und legt mir die Hand auf die Schulter, dann durchbricht er leibhaft meine Isolation und Traurigkeit. Dabei liegt diese leibhafte Nähe noch außerhalb von mir; wieviel mehr ist Jesus mir nahe, wenn er leibhaft eins wird mit mir im Essen des Brotes, im Trinken des Weines.

Wenn ich krank bin und der Arzt bietet mir eine Medizin an, so kann diese erst wirken, wenn ich dem Arzt vertraue und die Medizin esse. Essen und vertrauen sind hier eine Einheit. Weil ich vertraue, esse ich die Medizin, und im Essen kommt mein Vertrauen zum Ausdruck. Auch Jesus setzt diese beiden Vorgänge gleich, wenn er sagt: „Wer an mich glaubt, der hat das ewige Leben“ – (Joh 3, 36). Und dann wiederum: „Wer von diesem Brot ißt, wird in Ewigkeit leben“ – (Joh 6, 51).

Im Glauben tut sich mir eine neue Welt, eine neue Wirklichkeit auf. Und es ist sehr schwer, diese neue, viel größere Wirklichkeit in unsere kleinen Verstandeskategorien einzufangen. Am ehesten begreifen wir dieses Geheimnis der Liebe Gottes, wenn wir Vergleiche ziehen zu einer menschlichen Liebe. Wenn ich einen Menschen sehr liebe, möchte ich ganz eins sein mit ihm. Ich nehme ihn mit meinen Blicken in mich auf, ich trinke mich gleichsam satt an seiner Gestalt. Ich möchte ihn mir ganz einverleiben. Und je mehr ich ihn liebe, um so mehr wird er mein Leben bestimmen. Auch wenn ich räumlich fern bin von ihm, wird er mir inwendig ganz nahe sein. Und ich kann das einem Außenstehenden kaum mehr erklären. Aber der geliebte Mensch wirkt nicht nur im Bild der Erinnerung in mir, sondern ich trage seine Liebe leibhaft in mir. So möchte Jesus in meinem Glauben und in meiner Liebe als der leibhaft Nahe erkannt werden und essend und trinkend eins werden mit mir.

Aber so wie die Gegenwart Jesu im Brot nicht statisch ist, so wirkt auch die Gegenwart Jesu in mir nicht statisch, sondern sie beginnt mich zu verwandeln. Wenn ich Jesus im Glauben wirklich eindringen lasse in meine Leibhaftigkeit, so wie eben die Speise in meinen Körper übergeht, so verwandelt er mich, damit ich so wie der heilige Paulus sagen kann: „Jetzt lebe nicht mehr ich, sondern Christus lebt in mir" – (Gal 2, 20).

Derselbe Christus, der sich mir hingibt und sagt: Das ist mein Leib als Brot für das Leben der Welt! – derselbe Christus sagt nun in mir und durch mich: Das (indem er auf meine Leibhaftigkeit deutet) ist *mein* Leib (es ist mit Recht *sein* Leib, denn er ist nun eins mit mir) als Brot für das Leben der Welt. Wenn ich nun nach der Kommunion hinausgehe in die Welt, in eine Welt voll hungernder Menschen, dann sagt Christus immer wieder in mir: Das ist mein Leib, den ich jetzt hingebe als Brot für das Leben der Welt! Ich spüre die Dynamik der Liebe Jesu in mir. Er hat von mir Besitz ergriffen. Er ist der Herr meines Lebens. Er darf über meine Leibhaftigkeit verfügen, sie sich zueigen machen und sich in mir und durch mich leibhaft an die Menschen verschenken.

„Transparenz" – ein modernes Schlagwort unserer Zeit, und ich will es in diesem Zusammenhang gebrauchen. Durch die Kommunion sollen wir transparent werden für Christus. Demjenigen, dem ich nun meine Liebe schenke, für den ich mich zum Brot mache, müßte die Liebe Christi durch meine menschliche Liebe durchscheinen. Diese Denk- und Handlungsweise finden wir immer wieder ganz deutlich in den Aussagen von Mutter Teresa: „Nicht wir lieben die Armen, sondern Christus liebt sie; er liebt sie durch uns, weil er ihnen leibhaft nahe sein will."

Das ist es ja, was die christliche Lehre, das Evangelium

von jeglicher Lebensphilosophie oder Ideologie unterscheidet, daß es nicht um Lehrsätze, Formeln oder Erkenntnisse geht, sondern daß der allmächtige Gott in unserer Mitte lebt, in unserer Liebe durch uns leuchtet, lebt und liebt. So wird Gott dem Menschen transparent, erfahrbar.

Wir tragen durch den Empfang des Brotes einen gewaltigen Auftrag in uns. Wir werden hineingenommen in die verwandelnde Kraft der Liebe Gottes, wir werden im Essen des Brotes selbst zum Brot; wir sollen nun hinausgehen in die Welt, wo sich die sakramentale und liturgische Kommunion festsetzt in der Kommunion des Alltags. Wir alle sollen „Kommunionspender" sein (nicht im liturgischen Sinne), die Christus, das Brot des wahren Lebens, in sich tragen und durch die sich Christus an die Menschen leibhaft verschenken kann. Wir wissen genau, was es heißt, verzehrt zu werden. Eine Mutter läßt sich verzehren im Dienst an der Familie, ein Mann in seiner beruflichen Position, jeder gerade dort, wo er steht, und jeder gerade für den, der nach dem wahren Brot des Lebens hungert. Nicht aus eigener, heroischer, idealistischer Einstellung läßt er sich verzehren, sondern weil Christus ihn zum Brot macht. Plötzlich wäre das Ereignis der Wandlung nicht mehr etwas Geheimnisvolles und Unverständliches, das sich außerhalb von uns vollzieht wie ein Schauspiel, sondern es bezieht uns mit ein. Auch wir sind nach dieser Wandlung zwar äußerlich dieselben, aber so wie das Brot nicht mehr Brot ist, sondern der leibhaftige Christus, so werde ich im Essen des Brotes ein anderer.

„Empfangt, was ihr seid! Seid, was ihr empfangt!" So forderte der hl. Augustinus seine Gemeinde in Hippo auf. Wir tragen Christus in uns. Wir dürfen mit voller Berechtigung sagen: Wir sind Christus! Denn wir alle sind der geheimnisvolle Leib Christi. Es gab aber in der Kirchengeschichte immer wieder Epochen, wo man die Gegenwart Christi nach außen verlagert hat. Es wurden ihm dann Marmorpaläste gebaut, er wurde in goldenen Monstranzen aufbewahrt. Und dabei wurde übersehen, daß wir der Tempel Gottes sind, daß wir eine lebendige Monstranz sein sollen. Ich erinnere mich noch, daß ich als kleiner Ministrant Kelch und Patene nur mit einem Tüchlein berühren durfte. Wie sehr wäre ich verlacht worden, wenn ich nach der Messe zu meinen Schulkameraden gesagt hätte: Ihr dürft mich nur mehr mit weißen Handschuhen berühren, denn ich bin ein Gefäß, in dem Christus aufbewahrt wird. Die Ehrfurcht vor heiligen Orten und heiligen Geräten (die keineswegs geschmälert oder in Abrede gestellt werden soll!) hat den Blick auf die wahre Gegenwart Jesu in uns verdunkelt. Und dadurch ist auch die Kluft zwischen dem sakralen und profanen Bereich unseres Lebens entstanden. Ich tauche für eine Stunde in der Woche vom Profanleben in das sakrale Leben ein, ich verehre Christus in der Eucharistie; dann kehre ich wieder ins Profanleben zurück. Hier liegt der Denkfehler. Christus heiligt und verwandelt mich selbst. Ich kehre als Verwandelter zurück in meinen Alltag. Ich selbst werde zur Brücke zwischen Sakralbereich und Profanleben. Immer dann, wenn wir uns zu sehr um Äußerlichkeiten kümmern, ist das ein Alarmsignal, daß wir Christus in uns vergessen haben. Im gleichen Maß, wie wir Kirchen restaurieren, sollten wir unsere innere Räuberhöhle entrümpeln und zu einem würdigen Heiligtum für Christus machen.

Die Kommunion dient also nicht nur zu meiner privaten Heiligung (das auch, denn sie verwandelt mich ja), sondern sie drängt mich hinaus zum Dienst an der Welt. Wenn Jesus uns den Auftrag gibt: Tut dies zu meinem Gedächtnis! – (Lk 22, 19 b), so sollen wir nicht bloß ein historisches Gedächtnismahl feiern, sondern im Gedenken an die sich verschenkende Liebe Jesu wird eben diese Liebe Gegenwart. Und darin unterscheidet sich dieses Gedächtnismahl von anderen Gedächtnisfeiern. Wenn wir z. B. den 300. Todestag eines Komponisten begehen, so können wir zwar seine Kompositionen aufführen, er selbst aber kann nicht anwesend sein.

Wenn wir den Auftrag wahrnehmen, der aus dem Empfang der Kommunion resultiert, könnte eine wahrhaft eucharistische Weltordnung entstehen. Laßt mich jetzt ein wenig träumen. Der Fabriksdirektor, der am Sonntag die Kommunion empfing, spürt plötzlich den Auftrag, Brot für seine Arbeiter und Angestellten zu werden. Sein Umfang und sein Verhalten verändern sich. Ein Arbeiter spürt plötzlich, daß sein Kollege nach dem wahren Brot hungert, das er in sich trägt. Der Politiker handelt plötzlich nicht mehr nach den Gesetzen dieser Welt, getrieben vom Bestreben, bei der nächsten Wahl wieder möglichst viele Stimmen zu erhalten, sondern er macht sich zum Brot für jene, die ihn mit diesem Amt betrauten und die ihm das Vertrauen schenkten.

Utopie? Vielleicht. Aber es lohnt sich, diese Utopie in die Tat umzusetzen. Denn wenn noch irgend etwas diese Welt retten kann, dann nur noch die Utopie einer eucharistischen Welt.

Mahl oder Opfer

Während man früher vom „Meßopfer“ sprach, ist nach dem Konzil dieser Ausdruck fast völlig verschwunden. Heute verwendet man immer häufiger die Bezeichnung „Eucharistiefeier“. Die Feier der Eucharistie ist Mahl und Opfer zugleich. Jesus hat dieses Geheimnis gestiftet im Mahl. Für die Orientalen haben Mahlgemeinschaften einen ganz tiefen Sinn. Am Beginn des Mahles sprach der Hausvater das Gebet und gab jedem einen Bissen Brot. Dann begann erst das Mahl. Und als Abschluß sprach er wieder das Segensgebet und reichte jedem einen Schluck Wein. Jesus hat diesen Brauch für die Stiftung des eucharistischen Mahles benützt. Vielleicht haben die Jünger nach der Katastrophe des Kreuzestodes einen Zusammenhang erahnt zwischen Abendmahl und Kreuzestod. Vielleicht sagten sie zueinander: „Beim Mahl gab er uns Brot und sprach von seinem Leib, den er hingibt für uns. Er reichte uns den Becher und sprach vom Vergießen seines Blutes für uns. Und nun ist dies alles Wirklichkeit geworden in seinem Tod.“

Sowohl im Judentum wie auch im Heidentum gab es Tieropfer und Speiseopfer. Das Leben der Tiere wurde stellvertretend für das eigene Leben an die Gottheit hingegeben. Denn die einzig wahre und würdige Opfergabe ist unser Leben. Stellvertretend wird das Leben der Tiere dargebracht. Von Christus aber heißt es, daß er durch sein eigenes Leben Gott die Antwort der Liebe und des Vertrauens gegeben hat – (vgl. Hebr 9, 11f).

Im Mahl werden wir eins mit Jesus, um so auch eins zu

sein mit ihm in der liebenden Hingabe an den Vater. So heißt es im Dritten Hochgebet der Messe:

„Stärke uns durch den Leib und das Blut deines Sohnes und erfülle uns mit seinem Heiligen Geist, damit wir ein Leib und ein Geist werden in Christus. Er mache uns auf immer zu einer Gabe, die dir wohlgefällt."

EUCHARISTIE – GEMEINDE

Nahezu ein Vierteljahrhundert ist schon seit dem Beginn des Zweiten Vatikanischen Konzils verstrichen. Die sichtbarsten Auswirkungen waren die liturgischen Veränderungen und Erneuerungen: Gottesdienste in der Landessprache, Volksaltar, d. h. der Priester zelebriert mit dem Gesicht zum Volk gewandt. Diese Veränderung ist uns bereits selbstverständlich geworden. Aber wenn es bloß beim Umdrehen des Altars bleibt, so hat der Geist des Konzils und das neue Kirchenbild die Gemeinden noch nicht erreicht. Es gab in der Kirchengeschichte immer wieder Vereinseitigungen oder Überbetonungen gewisser Teilbereiche der Verkündigung oder der Liturgie. Die allgemeine Tendenz der Aufsplitterung des Lebens, der Gesellschaft, der Wissenschaft hat auch vor der Kirche nicht haltgemacht. Auch hier machten sich die Folgen der Individualisierung und Privatisierung bemerkbar. Das persönliche Heil des einzelnen tritt immer mehr in den Vordergrund, das Heil der Gemeinde wird zu wenig betont. „Rette deine Seele!" So stand es auf den Volksmissionskreuzen, die man noch vor 30 Jahren in unseren Kirchen anbrachte. Vor allem in der Feier der Eucharistie machte sich diese Privatisierung verheerend bemerkbar. Stellen wir uns eine Konzertaufführung vor. Die Zuhörer beschäftigen sich aber nicht mit der Musik, sondern der eine liest ein Buch, ein anderer eine Zeitung, wieder ein anderer trägt Kopfhörer und hört Radio. Zeitung lesen ist gut, Bücher lesen ist gut, Radio hören ist gut, aber alles zu seiner Zeit und an seinem Ort. Hätte man aber nicht einen ähnlichen Eindruck bekommen können bei der individualisierten Form der Liturgie vor dem

Zweiten Vatikanum, wo jeder in einer subjektiven Frömmigkeitshaltung verharrte? Sicher ist diese Form der Liturgie im Lauf von Jahrhunderten gewachsen. Aber das Wesentliche der Eucharistiefeier wurde dabei verdunkelt. Sie soll ja die zentrale Feier der Gemeinde sein. In dichtester Weise soll sich hier das Leben der Gemeinde wie Lichtstrahlen in einem Brennpunkt sammeln. So wie eine Gemeinde Eucharistie feiert, so wirkt ihr Gemeindeleben; und so wie das Gemeindeleben wirkt, so wird die Eucharistiefeier vollzogen werden. Da früher noch viele gesellschaftliche und traditionelle Strukturen und Bindungen vorhanden waren, ist der Mangel an eucharistischer Gemeinschaft nicht so stark aufgefallen. Jetzt aber, da die traditionellen Bindungen zerbrechen, macht sich dieser Mangel um so stärker bemerkbar.

Die sonntägliche Eucharistiefeier der Gemeinde steht im Vakuum, wenn sie sich nicht im eucharistischen Leben der Gemeinde die ganze Woche hindurch fortsetzt. Und umgekehrt bleibt alles Bestreben um ein menschenwürdiges und friedliches Zusammenleben im rein Humanitären stecken, wenn dieses Tun nicht geheiligt, verwandelt und in der Eucharistie auf eine höhere Ebene gehoben wird. Ich will versuchen, das zu erklären.

In manchen Gemeinden gibt es einen sogenannten „Opfergang“, d. h. daß jeder, der zur Kommunion gehen will, beim Betreten der Kirche eine Hostie in die Hostienschale legt. Leider wird dieser schöne Ritus viel zu wenig ausgedeutet. Hier liegt ein sehr tiefer Sinn verborgen. Jeder sollte in diese Hostie alles hineinlegen, was er während des Tages oder während der Woche an Opfer dargebracht hat. Ganz untheologisch könnte man sagen: Jeder feiert im Bereich seines Alltags seine „kleine Messe“, sein eucharistisches Opfer, wo er sich zum Brot macht. Und diese kleinen eucharistischen Gaben bringen wir dann im Opfergang dar. Eine Mutter legt ihre aufopfernde Tätigkeit für ein krankes Kind hinein, der Lehrer sein Brotsein für die Schulklasse, der Arbeiter sein Bemühen um einen Arbeitskollegen usw. All dies legen wir hinein in die Hostie. Der Priester vereinigt es mit dem Opfer Christi, dem einzig wahren Opfer, der reinen Gabe für den Vater. Und in der Kommunion wird jeder gestärkt, erneut seinen eucharistischen Dienst kraft des allgemeinen Priestertums zu leisten. (Auf das allgemeine Priestertum kommen wir im Kapitel über die Priesterweihe noch näher zu sprechen.) Wird uns eigentlich bei der Gabenbereitung bewußt, daß die Hostie, die der Priester in der Hostienschale Gott entgegenhält, etwas mit mir und meinem Leben zu tun hat? Und eben weil diese Verbindung meist nur sehr schwach ist, wissen wir auch die Eucharistie in unserem Leben nicht einzuordnen. Wer würde es wagen, einer hochgestellten Persönlichkeit als Gastgeschenk ein kleines Stückchen Brot anzubieten?

Ich möchte hier ein Gleichnis erzählen, zwar in kindgemäßer Form, das uns aber das Geheimnis vom Schenken und Empfangen in der Eucharistie ein wenig erschließen kann.

Stellen wir uns vor, im Rahmen des Papstbesuches in Österreich wäre auch der Besuch einer Schulklasse vorgesehen gewesen. Jeder Schüler denkt sich ein großartiges Geschenk aus, das er dem Papst überreichen wird. Jeder spart schon Monate vorher auf ein möglichst kostbares Geschenk. Nur ein Schüler ist recht ratlos; er weiß nicht, was er dem Papst schenken soll. Er hat kein Geld, um ein teures Geschenk zu kaufen, und weist auch nicht genug Geschick auf, um selbst etwas zu basteln. Es fällt ihm absolut nichts ein, was er als Geschenk mitbringen könnte. Dann kommt der große Tag des Papstbesuches. Alle Schüler tragen ihre Geschenke, in feierliches Geschenkpapier gehüllt, bei sich. Nur der eine hat immer noch nichts. Und alle treten der Reihe nach vor, um ihre Geschenke dem Papst zu überreichen. Da greift der Schüler in seiner Not in die Schultasche, nimmt sein Butterbrot und überreicht es dem Papst, damit er nicht mit leeren Händen vor ihn treten muß. Alle Schüler, die Lehrer und der Herr Direktor erstarren wegen dieser Verwegenheit, dem Papst ein gewöhnliches Butterbrot zu schenken. Doch der Papst spürt, aus welcher Haltung das Geschenk kam. Er lächelt; er bittet um ein Messer, er zerteilt das Brot und teilt es aus. Plötzlich drängen alle hin, um auch ein Stück davon zu erhalten. Denn vom Papst ein Stück Butterbrot geschenkt zu bekommen, das ist doch wohl etwas Besonderes! Das Butterbrot, auf das eben noch alle voller Verachtung geblickt hatten, ist nun plötzlich zum begehrtesten Objekt geworden. Die teuren Geschenke sind alle vergessen, alle blicken nur mehr auf das Butterbrot. Wenn wir vor Gott hintreten, haben wir auch nicht mehr anzubieten, wir haben auch nichts Geziemendes. Unser Leben bieten wir Gott an. Aber ist es nicht auch oft so armselig wie ein Butterbrot? Gott aber nimmt unsere Gaben an, durch seine Liebe werden sie verwandelt, und was wir zurückgeschenkt bekommen, ist etwas Neues, unendlich Größeres. In einem der neuen rhythmischen Lieder zur Gabenbereitung heißt es: „Herr, mach du uns auch zum Brot des Lebens; sieh den großen Hunger in der Welt. Wenn du in uns bist, sind wir verwandelt so wie Brot und Wein hier in diesem Sakrament." Das, was ich wiedergeschenkt bekomme, ist Gabe der Gemeinde und Gabe für die Gemeinde. In vielen Pfarren wurde es üblich, vor der Kommunion einander den Frieden zu wünschen. Das bedeutet eine sehr tiefsinnige Geste, gerade vor dem Einswerden mit Christus alle Hindernisse zu beseitigen, die mich von den Brüdern und Schwestern trennen. Denn derselbe Christus, den ich durch die Kommunion inwendig in mir trage, der begegnet mir auch in meinen Brüdern und Schwestern. Ich kann nicht den einen Christus – den in mir – bejahen, den anderen Christus aber, wie er mir leibhaft in den Brüdern und Schwestern begegnet, ablehnen oder ihm gleichgültig gegenüberstehen. „Was ihr dem geringsten meiner Brüder getan habt, das habt ihr mir getan." – (Mt 25, 40b). Das ist die Einheit zwischen dem leibhaften Christus im Brot und dem leibhaften Christus im Bruder, in der Schwester.

Ein Bischof in einem Land der Dritten Welt visitierte einmal eine Gemeinschaft von Ordensschwestern. Dort herrschte gerade unbeschreibliche Aufregung. Als der Bischof sich nach dem Grund erkundigte, sagte man ihm, die Mäuse hätten die Hostien im Tabernakel angeknabbert. Die Schwestern waren kaum zu beruhigen. Da sagte der Bischof: „Draußen in den Slums nagen nachts die Ratten die kleinen Kinder an. Warum regt euch das nicht auf? Es ist doch derselbe Christus in der Eucharistie und in den notleidenden, von Ratten geplagten Brüdern und Schwestern!"

Es besteht immer die Gefahr, daß wir das Bild mit dem Eigentlichen verwechseln. Die steinerne Kathedrale ist das

Bild, das Eigentliche ist der Bau der Kirche, der aus Menschen zusammengefügt wird. Wie würden wir das Verhalten einer Mutter tadeln, wenn sie immer wieder im Fotoalbum die Bilder ihrer Kinder betrachtet, während die Kinder daneben vor Hunger schreien. Wenn es uns um die Erhaltung der steinernen Kathedrale, des Bildes der eigentlichen Kirche geht, dann übersehen wir oft, daß daneben unsere Brüder und Schwestern vor Hunger zugrunde gehen. Erst wenn der Hunger der Kinder gestillt ist, mag sich die Mutter wieder dem Fotoalbum zuwenden.

Wenn wir in der Gemeinde die Einheit des eucharistischen Christus mit dem Christus in unseren Brüdern und Schwestern nicht leben, dann führt das zu einer geistlichen Schizophrenie. Das stärkste Zeugnis, das eine Gemeinde geben kann, kann nur die gelebte Liebe zu den Brüdern und Schwestern sein, weil hier der auferstandene Christus lebt und wirkt. Wenn Paulus sagt, Christus ist das Haupt, und wir sind der Leib (vgl. 1 Kor 12, 27), dann will Christus eben in einer konkreten Gemeinde leibhaft Gestalt annehmen. Immer stärker tritt die Notwendigkeit von verbindlichen Gemeinschaften zutage. Ich kann nur dann wirklich Christ sein, wenn ich verbindlich einer christlichen Gemeinschaft angehöre. Entscheidend ist das Verbindliche. Unverbindlich gehören ja sehr viele Menschen zur Kirche, wenn man von der Verbindlichkeit des Kirchenbeitrags absieht. Erst dann, wenn Verbindlichkeit mit allen Konsequenzen gelebt wird bis hin zum Teilen der Güter, dann nimmt Christus Gestalt an. Gerade das Teilen der Güter, vor dem wir, vom Materialismus geprägte Menschen sofort zurückschrecken, wird sich aber mehr und mehr zu einem wichtigen Kriterium der Glaubwürdigkeit der Kirche entwickeln. „Wenn ein Glied leidet, leiden alle Glieder mit“ – (1 Kor 12, 26). So schreibt Paulus. Freilich, wenn ich amputiert bin, wenn ich gar nicht oder nur sehr dünn mit dem Leib verbunden bin, wird es mich nicht berühren, daß andere Glieder des Leibes sehr leiden. Es läßt mich kalt, daß Tausende verfolgt, gequält, getötet werden um ihres Glaubens und ihrer sozialen Einstellung willen; es berührt mich nicht, daß himmelschreiende Ungerechtigkeiten und Menschenrechtsverletzungen geschehen; es stört mich nicht in meiner Ruhe, daß

Millionen verhungern. Alles Glieder ein und desselben Leibes! Ich kann das nur dann nicht mehr wahrnehmen, wenn ich getrennt bin vom Leib. Ich habe keine Gemeinschaft mit Christus. Ich kann die Gemeinschaft mit ihm zwar im Empfang des Sakramentes bekunden, aber wenige Minuten später verleugne ich wie Petrus den Herrn: „Ich kenne ihn nicht!" Ihn, der mir aus den Gesichtern meiner notleidenden Brüder und Schwestern entgegenblickt. Solange wir nicht zu einem mutigen Teilen der Güter finden, verleugnen wir den Herrn. Alle Argumente sind nur fadenscheinige Ausreden. Alles sei doch nur ein Tropfen auf den heißen Stein! Alles sei so kompliziert! Wer weiß, ob meine Spenden überhaupt hingelangen? Der barmherzige Samariter im Gleichnis Jesu hat nicht gefragt, sondern gehandelt, spontan gehandelt. Das muß das charakteristisch Christliche sein, nicht lange zu fragen, wie, warum, wer ist zuständig, sondern die Herausforderung des Augenblicks anzunehmen und mutig zu handeln. Auch nicht zu fragen: Was wird morgen sein? Was bringt es schon? Der Hungernde wird morgen ohnedies wieder hungrig sein! All dies sind nur Ausflüchte. Die Zeit ist reif. Entweder geben die Christen ein ganz radikales Zeugnis aus der Bergpredigt, oder die Welt stürzt in den Abgrund. Die Christen tragen dafür die Verantwortung. Nur mehr ein ganz starkes, prophetisches Zeichen kann von den blinden Menschen gesehen und vielleicht beachtet werden. Solange wir noch im Saft unserer kleinkarierten Probleme schmoren, haben wir weder vom Evangelium noch von der Eucharistie etwas verstanden. Wenn die Christen, und ganz voran die Ordensgemeinschaften, die seit jeher einen besonderen prophetischen Auftrag haben, radikale Zeichen des Teilens, der Gewaltlosigkeit auf allen Ebenen, der Armut, der Liebe setzen, dann ist die Welt zu retten. Sonst droht das totale Chaos. Ich möchte nicht als Weltuntergangsprophet auftreten, aber die Zeit ist kurz und die Situation ernst. Man kann den Christen nur sagen: „Wachet auf! Handelt rasch und entschlossen, sonst habt ihr die ganze Welt auf dem Gewissen!" Die Situation ist so ernst, daß wir Christen der westlichen Welt uns lächerlich machen im Streit um manche pastoralen Fragen. Während jetzt noch vielerorts Kirchen- und Orgelrenovierungen und sekundäre pastorale

Aktionen die Pfarren beschäftigen, werden bald durch die Dringlichkeit der weltpolitischen Situation überlebensfähige Gemeinschaften entstehen, die zeugnis- und richtungsgebend sein werden. Es gibt nicht die Alternative: Sollen wir unsere Kirche renovieren, oder sollen wir den Notleidenden helfen. Die beiden Aktivitäten stehen auf völlig verschiedenen Ebenen. Das eine ist eine praktische Frage, das andere ein prophetisches Zeichen von äußerster Dringlichkeit.

Wenn ein Feuerwehrmann durch die heulende Sirene zu einem Einsatz gerufen wird, fragt er sich etwa, ob er nun die schwarzen oder die blauen Socken anziehen soll? Über diese Frage kann er später nachdenken; er wird nötigenfalls ohne Socken den Brand löschen. Wenn der große Weltbrand gelöscht wurde, dann mögen wir uns ruhig sekundären Fragen zuwenden. Jetzt aber brennt es. Und es gilt, zunächst einmal zu löschen.

Sakrament der Buße – Versöhnung

Die soziale Dimension von Sünde und Vergebung

Wenn das Gespräch auf die Beichte kommt, dann hört man doch immer wieder die Äußerung: „Das mache ich mir selbst mit Gott aus! Warum muß ich das dem Priester erzählen?" In solchen und ähnlichen Äußerungen drückt sich aus, wie der Zug zur Privatisierung des Glaubens gerade auch dieses Sakrament erfaßt und entstellt hat. Grundsätzlich kann man sagen, daß niemand etwas Privates sagen oder tun kann, ja nicht einmal denken kann. Mit allem, was wir denken, reden oder tun, wirken wir in das Leben anderer Menschen hinein, zu ihrem Heil oder zu ihrem Unheil. Derjenige, der sich aus der Gemeinschaft mit Gott entfernt hat, der also nach eigenem Gutdünken handelt, der wird für sich selbst und für die anderen zur Ursache des Unheils. Die Sünde wirkt wie der Erreger einer sehr ansteckenden Krankheit. Manchmal meinen wir, etwas sei verborgen geblieben; da dauert aber vielleicht nur die „Inkubationszeit" etwas länger, oder die Auswirkungen haben sich in eine Richtung verlaufen, wohin wir sie nicht mehr verfolgen können.

In Schulklassen oder Firmgruppen habe ich immer das folgende Beispiel erzählt, um die sozialen Auswirkungen der Sünde in einem Gleichnis zu verdeutlichen.

Der kleine Maxi erhebt sich morgens sehr schlecht gelaunt aus dem Bett. Und er läßt seinen Eltern seine üble Laune spüren. Er trödelt herum, der Vater wird ärgerlich und mahnt zur Eile, weil Maxi sonst zu spät zur Schule kommt. Endlich ist Maxi fertig und geht zur Schule. Der Vater fährt mit dem Auto ins Büro. Jeder weiß genau, wie man Auto fährt, wenn man zornig ist: Aggressiv, rücksichtslos, risikofreudig und unvorsichtig. Und da passiert es; der Vater rammt ein vornehmes Auto. Eine zweistellige Nummer – auch das noch! Der Dienstwagen des Herrn Handelsministers! Ein heftiger Wortwechsel mit dem Chauffeur entfacht sich. Der Dienstwagen wurde fahruntauglich; ein Ersatzwagen muß angefordert werden, was den Minister sehr verärgert. Er kommt zu spät zu einer Sitzung mit den Ölscheichs wegen der Benzinverhandlungen. Wegen des Unfalles und wegen des Ärgers ist der Minister überhaupt nicht verhandlungsbereit und bezieht einen sturen Standpunkt. Das tun auch die Verhandlungspartner. So kommt es zu einer sprunghaften Verteuerung des Benzins um 50 Prozent. Als die Österreicher abends in der Sendung „Zeit im Bild“ davon erfahren, brechen fast bürgerkriegsähnliche Zustände aus. Der kleine Maxi, der dies alles im Fernsehen mitverfolgt, wird sich gar nicht bewußt, daß er die Ursache dafür ist. Sicherlich ist er nicht die alleinige Ursache, denn jeder hat sein Quantum an Schuld dazugelegt.

Dieses Beispiel soll demonstrieren, wie sich die Sünde lawinenartig vergrößert und ausbreitet. Nicht immer sind die Folgen so gravierend und so öffentlich wie im obigen Beispiel. Aber weil wir Menschen miteinander in einer Schicksalsgemeinschaft stehen, reißen wir durch jede Sünde die anderen mit hinein. Wenn die Sünde also eine soziale Dimension hat, dann muß sich auch die Vergebung in der sozialen Dimension ereignen. Nur wenn wir diese Tatsache annehmen, daß wir in allem miteinander verbunden sind, begreifen wir das Geschehen der Erlösung. Wie könnte sonst das Leben, Leiden und Sterben und die Auferstehung Jesu einen Bezug zu meinem Leben haben? Das war doch seine „Privatsache“, wenn er so leben und so sterben wollte. Ich habe aber schon bei der Taufe Jesu darauf hinverwiesen, daß dieses Zeichen der Umkehr (Jesus hatte keine Umkehr nötig) uns alle betrifft. Wenn einer von uns sich so intensiv wie Jesus Gott zuwendet, ihm so total vertraut, dann bleibt das nicht ohne Auswirkungen auf die gesamte Menschheit. In 2 Kor 5, 21 heißt es: „Er (Gott) hat den, der keine Sünde kannte, für uns zur Sünde gemacht, damit wir in ihm

Gerechtigkeit Gottes würden." Jesus hat Gott, dem Vater, als Mensch jene Antwort des Vertrauens gegeben, auf die Gott seit Beginn der Schöpfung wartete.

Wir huldigen heute einer falschen Toleranz, wenn wir sagen: Jeder soll leben, so wie er will. Jeder soll auf seine Art glücklich werden. Es gibt kein privates Leben und schon gar kein privates Glück. Freilich merken wir die Auswirkungen dieser Fehleinschätzungen oft sehr spät, zu spät. Je größer die Dimensionen sind, in denen sich Entscheidungen ereignen, um so länger dauert es meist, bis die furchtbaren Konsequenzen bemerkbar werden. So gibt es heute noch Spätfolgen der ungerechten Strukturen in der mittelalterlichen Feudalherrschaft. Viele krasse soziale Gegensätze in den Ländern der Dritten Welt haben ihrerseits die Wurzel im Unrecht und in der Ausbeutung der Kolonialzeit.

Tatsache ist also, daß ich mich nicht nur an Gott, sondern im gleichen Maß an der Gemeinschaft aller Menschen, vor allem an der Kirche, versündige und schuldig mache. In den urkirchlichen Gemeinden war diese Auffassung von Sünde sehr lebendig. Somit mußten sich das Sündenbekenntnis und die Bitte um Vergebung in der Gemeinde ereignen. Dies wurde auch praktiziert. Es würde zu weit führen, hier die gesamte geschichtliche Entwicklung des Bußsakramentes darzustellen. Die heutige Form der sogenannten Ohrenbeichte hat sich erst im Lauf der Jahrhunderte entwickelt. Maßgeblichen Einfluß hatten dabei die iro-schottischen Mönche, die im 6. und 7. Jahrhundert sehr stark zur Missionierung West- und Mitteleuropas beigetragen haben.

Solange das christliche Leben sich in sehr kleinen und intensiven Gemeinschaften (wir würden heute sagen „Basisgemeinden") vollzog, war das Sündenbewußtsein und auch die Praxis der Vergebung von der Gemeinschaft her bestimmt. Ich glaube, das ist sehr leicht verständlich. Wenn ich heute z. B. einer Kerngemeinde oder einer Ordensgemeinschaft angehöre und ich würde mir ein schweres Vergehen zuschulden kommen lassen, so brächte ich damit die ganze Gemeinschaft schwer in Verruf. Je intensiver die Bindung an eine Gemeinschaft ist, desto stärker ziehe ich die anderen in das Unheil mit hinein.

So wurde das Bekenntnis vor der Gemeinde abgelegt, und

der Priester sprach in seiner von Christus gegebenen Vollmacht die sakramentalen Worte der Vergebung von Gott her und von der Gemeinde her. Je größer und anonymer die Gemeinden wurden, desto mehr trat diese sehr persönliche Form der Versöhnung mit Gott und der Gemeinde in den Hintergrund, bis schließlich das Bekenntnis ausschließlich vor dem Priester abgelegt wurde. Aber der Priester ist Stellvertreter der Gemeinde, Stellvertreter aller, die durch meine Sünde in Mitleidenschaft gezogen wurden. Und er spricht mir nicht nur von Gott her die Vergebung zu, sondern auch von der Gemeinde her. Es geht bei der Versöhnung nicht nur um die Beziehung Gott–Mensch, sondern auch um die Beziehung Mensch–Gemeinschaft. In beiden Richtungen muß sich die Versöhnung ereignen. Im Gleichnis vom verlorenen Sohn (Lk 15, 11–32) ruft der Vater ein großes Fest aus. Die Versöhnung ist nicht nur ein Geschehen zwischen Vater und Sohn, sondern auch innerhalb der menschlichen Gemeinschaft.

Sünde – Gewissen

Das Wort „Sünde“ ist in unserer Gesellschaft wahrhaft zu einem seltsamen Fremdwort geworden. Man spricht von Fehlern, die hat eben jeder („Ich bin ja auch nur ein Mensch!“), von Kavaliersdelikten, von Fehlverhalten, von Versagen oder von Verbrechen. Der biblische Begriff Sünde ist zusammen mit dem Begriff Gott aus unserem Sprachgebrauch verschwunden.

Es gibt sicherlich viele Definitionen von Sünde, z. B. Mangel an Liebe zu Gott und den Mitmenschen, oder Verletzung der Gebote Gottes usw.

Ich möchte hier eine etwas ungewöhnliche Definiton anführen: „Sünde ist Verlust der Wahrheit, Beherrschtsein von der Lüge.“

Im biblischen Sündenfallsbericht sagt die Schlange: „Wenn ihr von der verbotenen Frucht eßt, werden euch die Augen aufgehen, und ihr werdet Gut und Böse erkennen“ – (vgl. Gen 3, 5).

Das war die Urlüge, die sich in ewiger Monotonie wiederholt und der der Mensch in all ihren Erscheinungsformen immer wieder erlag.

Ein Beispiel: Heute wird in allem die Freiheit proklamiert, Freiheit von Erziehungszwängen und Tabus, Freiheit von Forderungen und gesellschaftlichen Rücksichten usw. Der Teufel hat dem Menschen die Lüge von der Freiheit erzählt. Und der Mensch ist wieder auf diese Lüge hineingefallen. Die Sucht nach der Freiheit hat den Menschen extrem unfrei gemacht. Die Freiheit von sexuellen Normen hat den Menschen so „frei(?)" gemacht, daß er an jedem Montag an seinem Arbeitsplatz oder in der Schule mit neuen tollen Wochenenderlebnissen aufwarten muß, wenn er nicht als „Verklemmter von vorgestern" gelten will. Habe ich nun die Freiheit zu handeln, wie ich will, oder nicht? Die sogenannte Freiheit ist eine getarnte Lüge und führt den Menschen in eine Unfreiheit. Sie entwickelt eine schreckliche Eigendynamik. Beobachten wir doch die gesellschaftlichen Vorgänge. Was tun wir nicht alles, oft schon unbewußt, weil der gesellschaftliche Druck uns dazu zwingt, wenn wir uns nicht gewaltsam zum Außenseiter machen wollen: Verdienst, Karriere, Auto, Zweit- und Dritthaus, Urlaub, sexuelle Erlebnisse, Mode . . ., überall sind wir perverser Weise Sklaven unserer Freiheit geworden. Und weil wir peinlich genau diese Freiheit bewachen müssen, damit sie uns von niemandem strittig gemacht wird oder eingeengt wird, machen wir uns noch unfreier. Das ist die Lüge von der Freiheit. Um die Lüge zu entlarven, hat Gott uns ein Instrument gegeben, das uns dabei helfen soll – unser Gewissen. Aber dieses Instrument kann beschädigt oder verbildet werden. Die Lüge setzt sofort alles daran, manipulierend dieses Instrument zu verändern. Der stärkste Druck, der heute ausgeübt wird, ist die massenpsychologische Aussage: „Alle machen es so!" Ein ehrlicher Bauarbeiter z. B. bemerkte, daß einige seiner Kollegen Werkzeug und Material der Firma „mitgehen" ließen. Sein Gewissen signalisierte: Das ist Diebstahl! Doch als er diese Praktik immer öfter feststellen mußte und die Betreffenden ihr Verhalten noch entsprechend bagatellisierten, ihn aber wegen seiner Skrupel als Außenseiter abstempelten, begann er sich zu fragen, was denn wirklich schon dabei sei, wenn er es auch so mache. In der Firma geht doch so vieles verloren beim Transport, beim Verladen usw. Da kommt es auf die entwendete Menge ja auch nicht mehr an. Und so stumpft das Gewissen allmählich ab. Nach dem ersten Versuch folgen weitere. Diesen Vorgang können wir in allen Lebensbereichen finden. Die Behauptung: „Alle machen es so!" bringt viele in ihrer ursprünglichen Überzeugung ins Wanken. Christus ist das Licht und die Wahrheit. Wer sich ihm anschließt und in lebendiger Beziehung mit ihm lebt, der wird selbst dadurch zum Licht werden, und er lebt in der Wahrheit. Nur wenn wir in einer solchen Verbindung mit Christus leben, können wir die verderblichen Mechanismen der Lüge durchschauen und entlarven. Und daß die Entlarvung des Bösen, eine Früherkennung der Lüge, keine private Sache ist, dazu lieferte die Zeit Hitlers oder Stalins grauenhafte Beispiele. Es waren nicht alle Bösewichter, die ihren Ideen zujubelten, sondern Menschen wie du und ich; aber sie hatten die teuflische Lüge nicht erkannt und so die ganze Welt ins Verderben hineingerissen. Die gesellschaftliche Lüge, die heute am Werk ist, ist nicht weniger gefährlich. Heute regiert das Dogma: „Hast du was, dann bist du was." Dieses Dogma hat schon Tausende nach maßlosem Konsum in die Sinnlosigkeit oder in den Selbstmord getrieben. Und es wird gerade dieses Grunddogma unseres Materialismus noch grauenhafte Konsequenzen nach sich ziehen, wenn einzelne und ganze Völker das, was sie haben, mit brutaler Gewalt verteidigen werden.

So gesehen, kann Gewissensbildung nicht eine private Sache von religiösen Fanatikern sein, sondern ein gesellschaftlicher Auftrag und eine Überlebensfrage. Im militärischen Bereich errichten wir immer modernere und leistungsfähigere Radaranlagen zur Früherkennung eines feindlichen Angriffes. Auch im seelischen Bereich brauchen wir hochempfindliche Warnsysteme, die eine Früherkennung eines feindlichen Angriffes signalisieren.

Nur wer in Gemeinschaft mit Christus lebt, kann die Lüge erkennen und sie entlarven. In Gemeinschaft mit Christus zu leben, wird aber gerade in diesem Zusammenhang bedeuten, in einer konkreten Gemeinschaft verankert zu sein, die mir Christus erfahrbar macht und durch die mir Christus leibhaftmenschlich nahe ist und mich stärkt, um dem gesellschaftlichen Druck standzuhalten und in der Wahrheit gefestigt zu bleiben.

Die Christen im Ostblock werden nicht deshalb verfolgt, weil sie etwas Staatsfeindliches tun, sondern weil sie durch ihr Leben und ihren Glauben das ganze System als eine einzige Lüge entlarven. Wenn ich z. B. einen Raum verdunkle und dann Personen hineinführe, so kann ich ihnen weismachen, daß dieser Sessel rot sei, dieser Tisch grün und diese Bank gelb. Ich könnte nun über die Richtigkeit oder Unrichtigkeit solcher Aussagen diskutieren. Wenn ich aber, statt eine Diskussion zu führen, mit einer Lampe komme, so wird alles offenkundig, und die Diskussion erübrigt sich. Lüge und Wahrheit werden durch das Licht voneinander geschieden. „Ihr seid das Licht der Welt" – (Mt 5, 14). So hat es uns Jesus aufgetragen. Wo der Christ lebt, soll es so hell um ihn herum werden, daß Lüge und Wahrheit zu unterscheiden sind. Dies ist ein lebensgefährlicher Auftrag, aber für den Bestand und die Rettung der Menschheit ein lebenswichtiger und lebensnotwendiger Auftrag.

Die Feier der Versöhnung

Seit dem Zweiten Vatikanum zeichnet sich eine tiefgreifende Veränderung im Verständnis und in der Praxis des Bußsakramentes ab. Schon allein der Titel, den das Buch über die Handhabung des Bußsakramentes trägt – „Die Feier der Versöhnung" – deutet dieses neue Verständnis schon an. In vielen Menschen steckt noch die Vorstellung von einer Gerichtssitzung drinnen, wenn sie an Beichte denken. Ich armer Sünder trete hin vor den Richter, bekenne meine Schuld und bekomme eine entsprechende Buße zugeteilt. Diese Form der Beichte wird von vielen Menschen als unbefriedigend abgelehnt. Immer mehr kommt der positive Aspekt des Sakramentes zum Vorschein. Wir dürfen heimkehren. Die Menschen leiden unter der Heimatlosigkeit. Dieses Sakrament schenkt uns Heimat bei Gott und in Gott, jetzt im Zeichen, einst aber werden wir Gott unverhüllt schauen und wirklich bei ihm ganz zu Hause sein. Auch die Stellung des Priesters wird in der Feier der Versöhnung neu gesehen. Carlo Carretto meinte, man solle den Priester nicht Beichtvater, sondern Beichtbruder nennen. Der Priester steht nicht als Richter über dem Beichtenden, sondern gemeinsam treten sie hin vor den Vater. Bei dem Wort Beichtbruder denke ich immer daran, wie es mir als Kind erging, wenn ich irgendeine Schandtat den Eltern eingestehen mußte. Da nahm ich meinen älteren Bruder mit. Er konnte mir das Bekenntnis nicht ersparen, aber es fiel mir doch leichter. So verstehe ich mich als Priester im Dienst des Bußsakramentes. Hand in Hand gehe ich mit dem Beichtenden zum Vater; und er steht schon mit offenen Armen da und wartet auf die Heimkehr. Gerade das Gleichnis vom verlorenen Sohn bringt so wunderbar zum Ausdruck, wie anders Gott handelt als wir Menschen. Keine Bedingungen für die Wiederaufnahme ins Elternhaus und keine Probezeit, keine Vorwürfe und Verurteilungen . . . nichts von alledem. Stattdessen ein Empfang mit offenen Armen, der Vater wartet auf diesen Augenblick. Stellen wir uns das einmal ganz bildlich vor. Wir treten hin mit dem Priester vor Gott, den Vater. Und der sagt zu mir: „Weißt du, wie sehr ich auf diesen Augenblick gewartet habe? Kannst du dir vorstellen, daß ich gebangt habe, du könntest vielleicht nie mehr umkehren? Ich freue mich so sehr, wie nur Gott sich freuen kann; denn im Himmel ist eine riesengroße Freude über jeden, der heimkehrt. Komm, feiern wir ein Fest! Du und ich und alle, mit denen du jetzt wieder ausgesöhnt bist!“

Wir kennen doch dieses Gefühl, wo ein Stein von unserem bangen Herzen fällt, wenn eben alles wieder gut ist. Dieses Wort der Vergebung schafft Neues, läßt neues Leben erstehen. Wie am ersten Schöpfungstag Gottes Geist die Schöpfung aus dem Nichts hervorrief, so bricht Neues an: Leben, Freude, Einssein mit Gott, Friede. Hast du dich schon einmal auf die Beichte gefreut? Vielleicht eine seltsame Frage. Aber doch nicht außergewöhnlich. Sicherlich hat das Eingestehen des Versagens etwas Unangenehmes an sich. Aber unser Blick richtet sich auf das Angebot Gottes. Ich werde beschenkt. Und die Sehnsucht nach diesem Geschenk, dem Ausgesöhntsein, überwiegt das Unangenehme. Das Sakrament der Buße schafft Ordnung und Klarheit in meinem Inneren. Manchesmal kann es einem nach der Beichte geschenkt werden, daß ich meine Umgebung mit all ihren Vorgängen und Geschehnissen plötzlich in ungewohnter Klarheit sehe. Ich werde viel sensibler für das Böse. Vielleicht wundere ich mich, warum plötzlich die Menschen so grob und lieblos zueinander sind. Sie sind nicht anders als sonst, nur ich bin anders, ich bin feinfühliger dafür geworden. Vor der Beichte war ich abgestumpft. Jetzt registriere ich alles, was im Widerspruch zu Gott und seiner Liebe steht, viel deutlicher.

Die Heimkehr zum Vater ist nicht bloß ein spiritueller Vorgang, sondern sie findet ihren Niederschlag in meinem ganzen Menschsein. Wir dürfen mit Recht das Sakrament der Buße und das Sakrament der Krankensalbung als Heilungssakramente bezeichnen. Ich habe es schon mehrmals erleben dürfen, daß Menschen durch eine offene und ehrliche Beichte von Krankheiten befreit wurden. Im Evangelium wird uns von der Heilung eines Gelähmten berichtet, dem Jesus zuvor die Sünden vergibt, bevor er seine Lähmung heilt – (vgl. Lk 5, 17–26). Jesus fragt die Pharisäer, was leichter sei: Sünden zu vergeben oder einen Gelähmten zu heilen. Und als Zeichen für die innere Heilung steht der Gelähmte geheilt auf. Die Heilung hat im Herzen begonnen und hat sich in der körperlichen Heilung nach außen ausgewirkt. Aber das Wichtigere und Entscheidendere ist die innere Heilung. Sünde und Krankheit stehen in einer starken Beziehung. Darauf möchte ich im nächsten Kapitel über die Krankensalbung noch näher eingehen.

Alle unsere Krankheiten wurzeln in einer unheilen Gottesbeziehung. Wenn nun diese Beziehung sakramental geheilt wird, so kann Gott damit auch das Zeichen einer äußeren Heilung verbinden.

Rückfall in Sünde und Misstrauen

Wie schön wäre es, wenn wir im Sakrament der Buße zu Gott heimkehrten und für immer in dieser Gemeinschaft verharren würden. Keine Sünde, keine Spur von Mißtrauen oder Zweifel sollte uns mehr vom Vaterhaus vertreiben. Aber wir wissen, daß es in Wirklichkeit anders ist. Viele kommen dann mit der Frage: Warum muß ich immer wieder beichten? Warum falle ich immer wieder in dieselben Fehler? Warum zeigt sich bei mir kein geistlicher Fortschritt? Dann stellt sich oft Mutlosigkeit ein.

Um dem zu begegnen, muß man die Gesetzmäßigkeiten des geistlichen Lebens ein wenig kennen und vor allem mit den Erziehungsmethoden Gottes vertraut werden. Gott kann auch unsere Rückschläge und unser Versagen gebrauchen, um uns im Glauben und vor allem in der Demut reifen zu lassen. Es gibt in unserem geistlichen Leben Zeiten des Wachstums und Wüstenzeiten. Wenn wir gute Fortschritte machen, meinen wir, es müßte immer so bleiben. Dann sind wir verunsichert, wenn Wüste und Nacht uns befallen. Wir haben das Gefühl, auf der Stelle zu treten; wir kommen nicht vorwärts. Das Versagen, der Rückfall in Sünden, die wir längst für überwunden hielten, deprimiert uns dann noch mehr. Vielleicht könnten wir das geistliche Leben vergleichen mit einem Schwimmer, der stromaufwärts in einem Fluß schwimmt. Wenn die Strömung schwach ist, kommt er gut vorwärts. Doch manchmal wird die Strömung so stark, daß er das Gefühl hat, am Ort zu stehen, weil er sich in bezug auf das Flußufer nicht vorwärtsbewegt. Wenn wir in solchen Zeiten starker Gegenströmung es bloß zustande bringen, der Strömung zu widerstehen, um nicht abgetrieben zu werden, so ist das schon sehr viel. Außerdem benützt der Böse gerade unser Versagen, um uns mutlos zu machen. Er hält uns unsere Sünden wie einen Spiegel vor. Wir bedauern uns selbst wegen unseres Rückfalles, und schon sind wir auf seinen Trick hereingefallen. Er lähmt damit die Kräfte zum Weitergehen. Die Gnade Gottes ist nämlich immer noch größer als unser Versagen. Das Fallen ist nicht so gefährlich wie das Liegenbleiben. Wer sofort wieder aufsteht, sich an die Gnade Gottes klammert, der gibt dem Bösen gar keinen Raum und keine Chance. Auch die Erinnerung an unsere Vergangenheit kann uns manchmal niederdrücken. In all dem verbirgt sich sehr geschickt ein Mißtrauen gegen Gott, dessen Liebe und Barmherzigkeit unendlich größer ist als unsere Schuld, mag sie auch noch so groß und schrecklich sein.

Ich möchte in einem Gleichnis darstellen, wie Gottes Liebe unsere Schuld überwindet und sogar noch in Positives verwandeln kann.

Ein Maler möchte ein großes Gemälde anfertigen. Er bereitet alles vor: Leinwand, Farben, Pinsel usw. Am nächsten Tag möchte er sein Werk beginnen. Doch einige Lausbuben entdecken die Vorbereitungen und beginnen, sich in den Farben auszutoben. Als der Künstler am Morgen sein Werk beginnen will, sieht er die Bescherung: Die Leinwand ist über und über mit Farbklecksen und wirren Linien verschmiert. Nun erweist sich aber die wahre Größe des Künstlers. Er vernichtet die Leinwand nicht, sondern er beginnt darauf zu malen. Und als er fertig ist, da sind die Farbkleckser und Striche in das Bild einbezogen. Man müßte sagen: Wenn hier dieser rote Klecks oder dort der schwarze Fleck nicht wäre, so würde in dem Bild etwas fehlen. Gott hatte einen wunderbaren Schöpfungsplan, einen Traum von einem großartigen Gemälde. Doch wir Menschen haben Gott dreingepfuscht. Nun erweist sich aber die wahre Größe und Souveränität Gottes. Wir können sein Werk mit all unserer Bosheit nicht zerstören. Dort, wo sich der Mensch ihm voll Vertrauen zuwendet, kann er sogar aus dem Negativen noch Positives machen. Gott schleudert nicht sofort einen Blitz vom Himmel, wenn ich sündige, d. h. wenn ich in sein wunderbares Gemälde einen häßlichen Klecks hineinpatze, sondern wenn ich mich ihm voll Vertrauen zuwende, kann er alles zum Guten wenden. „Wir wissen, daß Gott bei denen, die ihn lieben, alles zum Guten führt“ – (Röm 8, 28).

Wievielen Menschen könnte die Verkündigung dieser Frohbotschaft Heilung und Befreiung bringen und ihnen zu einer Bewältigung ihrer Vergangenheit verhelfen. Tausende scheiden durch Selbstmord aus diesem Leben, weil sie mit dunklen Punkten ihrer Vergangenheit nicht fertig werden. Auch ein Psychologe oder ein Psychiater kann die Vergangenheit nicht von negativ auf positiv umwerten; er kann sie nur aufdecken und bewußt machen. Gott aber hat die Macht, alles Dunkle in unserem Leben in Licht zu verwandeln. In diesem Zusammenhang möchte ich darauf hinweisen, daß viele Frauen 10, 15 oder 20 Jahre nach einer Abtreibung plötzlich damit nicht mehr fertig werden. Zunächst ging es gut. Man konnte sich darüber hinwegtäuschen. Doch dann wurde der dunkle Punkt in der eigenen Vergangenheit immer größer und unerträglicher. Psychosomatische Erkrankungen signalisierten eine unerträgliche Belastung. Da war auf einmal keine Rede mehr von „Mein Bauch gehört mir!" oder „Nicht anders als Zahnziehen!" Nur die vertrauensvolle Hinwendung zu Gott kann Befreiung von dieser schrecklichen Last und wahre Heilung schenken. Aber von dieser Seite der ganzen Problematik wird man nirgendwo etwas hören oder lesen.

Bewältigung der Vergangenheit – das ist ein psychologisches Schlagwort geworden, fast ein Zauberwort. Die wirkliche Bewältigung der eigenen Vergangenheit kann mir nur das Sakrament der Buße schenken, denn hier wird von Grund auf alles geheilt und sogar alles Negative in Positives verwandelt. Die Berechtigung zu einem solchen Glauben gibt mir der Kreuztod Jesu und seine Auferstehung. Wenn Gott die ärgste Schuld der Menschheit, den Kreuzestod seines Sohnes, in Auferstehung verwandeln konnte, dann kann er jegliche Schuld meines Lebens ebenfalls in Heil und Auferstehung verwandeln.

Sakrament der Kranken-salbung – Gott heilt unsere Wunden

Unheil – Sünde – Krankheit

Ich habe schon mehrmals jenen geistesgeschichtlichen Prozeß erwähnt, der in den letzten Jahrhunderten, vor allem in unserem Jahrhundert, zu einer Aufsplitterung des gesamten menschlichen Lebens führte. Dies hat auch im Bereich der Medizin zu schwerwiegenden Folgen geführt. Man sieht immer mehr nur das kranke Organ für sich isoliert und immer weniger den Gesamtzusammenhang. Nicht das einzelne Organ ist krank, sondern immer der ganze Mensch in seiner leib-seelischen Einheit. Auf der Unfallstation eines Krankenhauses hörte ich folgendes Gespräch zwischen einem Arzt und einer Schwester. Der Arzt fragte um die Neuzugänge auf der Station. Die Antwort lautete: „Ein schwerer Schädel, ein Oberschenkel und ein Bandl (Seitenbandriß)." Sicher ist diese knappe Ausdrucksweise berufsbedingt; man wird ähnliche Verkürzungen auch in anderen Berufssparten finden. Auch der Leiter einer Strafanstalt sagt nur mehr: „Heute bekamen wir einen 15er, einen 87er und einen 95er." Und er meint damit Straffällige, die nach § 15, 87 oder 95 verurteilt wurden. Man sieht also beim kranken Menschen nur mehr den defekten Teil, so wie ich in die Autowerkstätte fahre und sage, daß an meinem Auto der Vergaser nicht in Ordnung sei.

Heute entdecken wir aber unter den Medizinern – Gott sei

Dank – eine gegenläufige Tendenz: Weg von der verwissenschaftlichten Schul- und Computermedizin, hin zu einer Heilungsmethode, die dem Menschen gerecht wird. Krankheit ist ein Symptom eines unheilen, ungeordneten Zustandes tief im Inneren des Menschen. Der Arzt weiß, daß z. B. Fieber gut und notwendig sein kann, weil es den Abwehrprozeß des Körpers anzeigt. Es ist nicht gut, die Symptome zu beseitigen, ohne nach den eigentlichen Ursachen zu fragen. Ich möchte in der Forderung nach einer Gesamtschau des Menschen in seiner Krankheit noch einen Schritt weiter gehen. Nicht nur der einzelne Mensch, sondern die ganze Gesellschaft ist krank. Nach dem Wort des hl. Paulus „Wenn ein Glied leidet, leiden alle Glieder mit" – (1 Kor 12, 26) sind immer alle von der Krankheit mitbetroffen. Krankheit hat auch etwas zu tun mit dem Verlangen nach Zuwendung. Freilich möchte ich vor einer groben Vereinfachung dieser Behauptung warnen. Ganz tief drinnen im Kern unseres Lebens steckt eine Sehnsucht nach Beziehung, nach einer heilen und geglückten Beziehung zu Gott und zum Mitmenschen. Und wenn diese Beziehung gestört ist, wird der Mensch krank. Wir wissen, was eine Durchblutungsstörung ist. Ein Körperteil, z. B. ein Fuß, wird nicht mehr ausreichend mit Sauerstoff und Nährstoffen versorgt; er stirbt allmählich ab, wenn die Zufuhr mit lebenswichtigen Stoffen nicht wieder hergestellt wird. Versuchen wir, Krankheit in vereinfachter Form einmal so zu sehen. Dann machen wir mit unseren Kranken doch genau das Verkehrte. Wenn die Krankheit eine „gesellschaftliche Durchblutungsstörung" ist, so müßte eine vermehrte Zuwendung (= Versorgung mit lebensnotwendigen Stoffen) hergestellt werden. Statt dessen wird der Kranke abgeschnitten und isoliert. Zunächst liegt er zu Hause im Bett; die gesellschaftlichen Kontakte sind schon sehr reduziert. Wird der Kranke ernsthafter krank, kommt er ins Spital: nächste Stufe der Isolierung. Steigert sich die Krankheit noch mehr, kommt er in die Intensivstation. Ich betone nochmals, daß dies eine grob vereinfachte Darstellung eines sehr komplexen Vorganges bedeutet; aber im Grunde verhält es sich doch so.

Wenn wir Krankheit nicht nur als die Privatsache eines einzelnen sehen, sondern daß er eingegliedert wird in den

Organismus der Gesellschaft, so gelangen wir zu einem tieferen Verständnis des Zusammenwirkens von Sünde, Unheil und Krankheit.

Ich habe schon viele Kontakte zu krebskranken Menschen gehabt und habe deshalb viel über diese geheimnisvolle Krankheit nachgedacht. In mir hat sich ein Gedankengang entwickelt, eine Hypothese, die zwar nicht wissenschaftlich untermauert ist, aber die uns vielleicht an die soziale Dimension von Krankheit heranführen kann.

In jeder Zelle steckt das gesamte Entwicklungsprogramm des Menschen drinnen. Doch nur die Geschlechtszellen haben die Aufgabe, den Aufbau eines Menschen zu steuern. Wenn Krebs entsteht, so beginnt eine Zelle sich plötzlich auf dieses in ihr grundgelegte Entwicklungsprogramm zu besinnen und auf eigene Faust einen Menschen zu bauen. Aber das wird kein Mensch, sondern nur ein wirrer Zellhaufen, der auszustrahlen beginnt und den ganzen Organismus verseucht. Vielleicht ist diese Krankheit eine Projektion einer krebsartigen gesellschaftlichen Erkrankung nach innen. Ich meine das so, daß sich die äußeren Vorgänge in uns irgendwie widerspiegeln. Ein Mensch besinnt sich darauf, daß er ja als Abbild Gottes geschaffen wurde. Und er bedient sich dieser Gottebenbildlichkeit in einer eigenmächtigen Weise, nicht mehr eingeordnet in den ganzen Schöpfungsplan. Dies bewirkt ein Chaos. Dieses Chaos beginnt auszustrahlen, zieht wiederum andere mit hinein. Das können wir ja in vielfältiger Weise rund um uns erleben. Das Abbild dieses krebsartigen gesellschaftlichen Vorganges findet sich dann in uns in der Krebserkrankung. Und so wie der Krebskranke dann am Defekt eines Organs stirbt, in dem der Krebs gar nicht seinen Ausgang nahm, sondern wo eben die Metastasen hingelangt sind, so müssen wir feststellen, daß Menschen an Krebs sterben, die durchwegs in geordneten und glücklichen Verhältnissen leben. Aber irgendwo in der menschlichen Gesellschaft ist der Krebsherd verborgen, und von dort werden die Metastasen ausgesandt. Diese erreichen dann andere und infizieren sie.

Dieses Verhältnis von Außenwelt und Innenwelt wird heute in zunehmendem Maße untersucht und in der Beurteilung von Unheil und Krankheit berücksichtigt. Ich möchte hier ein Beispiel anführen, das mir ein Bekannter vor kurzem berichtet hat. Er litt schon längere Zeit unter Kopfschmerzen, Schlafstörungen, Schmerzen im Rücken und einer stark verminderten Leistungsfähigkeit. Er ließ sich gründlich durchuntersuchen, aber ohne Ergebnis. Da sich die Symptome verstärkten, nahm er eine zweite Durchuntersuchung auf sich; doch wieder ohne Ergebnis. Noch ein drittes Mal wurde er von diversen Fachärzten untersucht, doch wiederum konnte keine konkrete Ursache der Krankheitssymptome festgestellt werden. In seiner Not wandte er sich an einen Naturheiler, den ihm ein Arbeitskollege empfohlen hatte. Der hörte sich die Krankengeschichte an, kochte dann aus einer Wurzel einen Tee und gab ihm diesen zu trinken. Dann schickte er ihn weg mit der Bemerkung: „Dort, wo es in den nächsten zwei Stunden schmerzt, dort ist ein Entzündungsherd.“ Nach einer Stunde bekam der Mann rasende Zahnschmerzen. Er ging zu seinem Zahnarzt. Dieser machte von dem verdächtigen Zahn eine Röntgenaufnahme, doch konnte er keine Ursache des Schmerzes finden. Der Mann bestand darauf, daß der Zahn gezogen werde. Als der Zahnarzt den gezogenen Zahn untersuchte, fand er in der Wurzel vesteckt einen winzigen giftigen Eiterherd. Und der Mann war geheilt und von allen Krankheitssymptomen befreit.

Ich möchte dieses Geschehen auf die gesellschaftliche Ebene übertragen. Irgendwo sitzt einer, der ständig Bazillen ausstreut und die Gesellschaft vergiftet. Das kann man z. B. in der Belegschaft einer Firma oder auch in einer pfarrlichen Organisation erleben. Man sagt dann: „Da sitzt irgendwo der Wurm drinnen!“ Das Klima verschlechtert sich immer mehr, die Beziehungen der Menschen untereinander werden immer mehr vergiftet, ohne daß man sagen könnte, wo und wer die Ursache sei. Aber so wie die Gabe des Naturheilers den kleinen Entzündungsherd aufdeckte, so gibt es auch im christlichen Sinne das Charisma (= die Geistesgabe) der Unterscheidung der Geister. Diese Gabe ist für eine Gemeinschaft lebensnotwendig. In jeder Gemeinschaft, in jeder Pfarrgemeinde, in jeder Ordensgemeinschaft sollte wenigstens einer sein, der diese Gabe ausübt. Das muß keineswegs der Pfarrer oder der Ordensobere sein. Der heilige Benedikt schreibt in seiner Ordensregel, daß bei Beratungen alle Brüder anzuhören sind, weil der Geist Gottes oft den Jüngeren eingibt, was das Richtige sei – (vgl. Regel des hl. Benedikt, Kap. 3, 3). Wir müssen für jede Gemeinschaft um diese Gabe der Unterscheidung bitten. Solche Infektionsherde im geistlichen Sinne können ganze Gemeinschaften mit blühendem Leben ruinieren; Ordensgemeinschaften siechen manchmal dahin, weil solche Giftherde da sind, die nicht aufgedeckt, nicht geheilt werden. Pfarrgemeinden sind wie gelähmt, weil irgendwo ein negativer Ausstrahlungsherd sitzt, der alle positiven Kräfte bindet. Und die Auswirkungen solcher gesellschaftlichen Vergiftungen können wiederum in der Krankheit des einzelnen ihren Niederschlag finden. Der gute Arzt versucht das Symptom bis zur Wurzel zu verfolgen. So müßte die physische Heilung des einzelnen Hand in Hand gehen mit der Heilung der Gesellschaft. Bei vielen gesellschaftlichen Problemen (z. B. bei Vandalismus der Jugend, Drogensucht, Jugendkriminalität, Wohlstandsverwahrlosung usw.) ruft man energisch auf, mit der Sanierung der Familien zu beginnen. Hier wird es vielleicht stärker offenkundig, daß die Schädigungen der Jugendlichen in einem organischen Zusammenhang mit der unheilen gesellschaftlichen Situation stehen.

Wir müssen lernen, in sehr großzügigen Kategorien zu denken, die Zusammenhänge zu suchen; sonst gehen wir an der Wirklichkeit vorbei. Nur in der Gesamtschau kann eine rechte Einordnung und ein tieferes Verständnis des Sakramentes der Krankensalbung möglich sein.

Heilung

Versuchen wir, auf Grund der vorausgegangenen Betrachtung Krankheit als ein Zeichen zu sehen, das uns anzeigt, daß die Gottesherrschaft noch nicht zum Durchbruch gelangte. Überall, wo lebendige, vertrauensvolle Beziehungen zu Gott (und damit auch zum Mitmenschen) vorhanden sind, da ist Heil. Es gibt aber Bereiche in unserem persönlichen und im gesellschaftlichen Leben, die noch nicht ganz durchdrungen sind vom Heil Gottes.

Jesus heilte die Kranken. „Man brachte Kranke mit den verschiedensten Gebrechen und Leiden zu ihm, und er heilte sie“ – (Mt 4, 24).

Die Heilungen, die Jesus wirkte, hatten Zeichencharakter. Sie waren ein deutliches Zeichen dafür, daß das Reich Gottes begonnen hat. Mit diesem Auftrag sandte Jesus auch seine Jünger aus. „Geht und verkündet: Das Himmelreich ist nahe. Heilt Kranke, weckt Tote auf, macht Aussätzige rein, treibt Dämonen aus“ – (Mt 10, 7f.). Weder die Heilungen Jesu noch die der Apostel dürfen isoliert für sich betrachtet werden, sondern es sind Signale, die ankünden, daß Gott bereits am Werk ist, um jenen, die an ihn glauben, alle Krankheit, alles Leid, sogar den Tod zu heilen. Jesus wollte nicht die Krankheiten mit einem Zaubertrick abschaffen, sondern er sagt von sich, daß er derjenige ist, der die Macht hat, alle Krankheiten zu heilen. Als Zeichen dafür heilt er die Kranken.

Die Heilung des Gelähmten (Lk 5, 17–26), von der im vorigen Kapitel die Rede war, zeigt die rechten Verhältnisse: Geheilt wurde vor allem das Innere des Kranken durch die Sündenvergebung; die äußere Heilung stellt das Zeichen dar. Das Zeichen ist relativ, vergänglich. Denn alle Toten, die Jesus erweckt hat, sind wieder gestorben. Aber die Totenerwekkungen war nur Zeichen dafür, daß Jesus die Macht hat, jeglichen Tod zu besiegen.

Der Heilungsauftrag Jesu an seine Jünger besteht bis heute fort. Viele fragen zwar: Warum geschehen heute keine wunderbaren Krankenheilungen mehr, höchstens in Lourdes oder Fatima? Jesus hat seinen Jüngern die Vollmacht zu heilen gegeben, aber nicht als einen Kniff, wie man lästige Krankheiten und Leiden beseitigen kann, sondern als eine Vollmacht, Zeichen des neuen Gottesreiches zu setzen. Dort, wo ein solches Zeichen notwendig wird für das Gedeihen und Wachsen des Gottesreiches, dort geschehen auch heute Zeichen und Wunder. Aber hat nicht Jesus nach der Heilung den Menschen streng aufgetragen, niemand davon zu erzählen? Er kannte die Sensationslüsternheit der Menschen. Was machen wir aus einem Wunder? Eine tolle Zeitungsüberschrift, einen aufregenden Beitrag für die Sendung „Zeit im Bild“. Die Menschen bekommen die Zeichen, die sie begreifen und verdienen. Als Jesus in Nazareth auftrat, konnte er wegen des Unglaubens keine Wunder wirken – (vgl. Mk 6, 5). Dabei hätten die Leute von Nazareth so sehr darauf gewartet, eine Gratis-Show vom berühmten Sohn ihrer Stadt zu erhalten. Sie hatten aber keine Voraussetzung für die Zeichen. Die Schriftgelehrten und Pharisäer forderten von Jesus immer wieder ein Zeichen: „Meister, wir möchten ein Zeichen sehen. Er antwortete: Diese böse und treulose Generation fordert ein Zeichen, aber es wird ihr kein anderes Zeichen gegeben werden als das Zeichen des Propheten Jona. Denn wie Jona drei Tage und drei Nächte im Bauch des Fisches war, so wird der Menschensohn drei Tage und Nächte im Inneren der Erde sein“ – (Mt 12, 38–40).

So sind auch in der Kirchengeschichte bis heute Zeichen und Wunder geschehen. Die Menschen bekommen immer die Zeichen, die sie verdienen. Eine rationalisierte Zeit, die keine Antenne hat für die Sprache Gottes, wüßte mit dem Zeichen einer wunderbaren Heilung nichts anzufangen. Mit uns muß Gott in einer anderen Sprache reden. Grundsätzlich dürfen wir nicht der irrigen Ansicht verfallen, daß Gott uns in diesem Leben auf wunderbare Weise alle Krankheiten und Leiden nehmen will. Gott will unser Heil. Aber auch Krankheit und Leid können ein Weg zum Heil sein. Der Arzt könnte zwar mit einer starken Dosis an Medikamenten die Schmerzen betäuben, aber deshalb wäre der Mensch noch lange nicht geheilt.

Ich möchte hier zwei Gleichnisse anführen, die uns zeigen sollen, daß Heil nicht gleichgesetzt werden kann mit leiblicher Gesundheit.

Ein 14jähriger Bub war seit fünf Jahren querschnittsgelähmt. Er war beim Spielen von einem Baum gestürzt. Die Eltern scheuten nicht Kosten und Mühen, um ihrem Sohn doch noch Heilung zu ermöglichen. Er rebellierte oft gegen sein Schicksal, wenn er, im Rollstuhl sitzend, seine Kameraden umhertollen sah. Da schickten ihn seine Eltern mit dem Krankenzug nach Lourdes. Ein gewagtes Unternehmen, weil in dem Knaben so viele falsche Hoffnungen auf eine wunderbare Heilung geweckt worden waren. Bei der Krankensegnung mit der Monstranz begann er plötzlich laut zu singen. Seine Begleiter eilten herbei. Er rief immer wieder vor Freude und Begeisterung: Ich bin geheilt! Ich bin geheilt! Und er sang vor Freude. Die Begleiter waren zunächst ratlos, denn der Bub saß nach wie vor gelähmt in seinem Rollstuhl. Aber als sie in sein Gesicht blickten, begriffen sie, daß in seinem Inneren sich Heilung vollzogen hatte: Heilung vom Mißtrauen gegen einen Gott, der ein solches Schicksal zumutet, Heilung von der Rebellion gegen Gott . . .

Der so Geheilte sandte eine Karte nach Hause: „Ich bin geheilt!“ Wie groß war aber die Enttäuschung und der Schreck, als ihn die Eltern bei der Heimkehr noch immer im Rollstuhl sitzen sahen. Sie glaubten an einen bösen Scherz. Doch der tiefe Friede und die unvorstellbare Freude, die aus den Augen ihres Sohnes strahlten, klärten sie auf: „Mutter! Vater! Ich freue mich! Ich liebe Gott! Er ist nicht grausam! Alles hat einen Sinn! Ich kann es nicht erklären, aber Gott hat es mir gezeigt!“

Ist da nicht eine viel tiefere Heilung geschehen als bloß eine körperliche? Im Evangelium (Joh 5, 1–16) wird uns berichtet, daß Jesus einen Gelähmten heilte; dieser Gelähmte kam aber durch die wunderbare Heilung keineswegs zum Glauben an Jesus, sondern er zeigte Jesus beim Hohen Rat an, daß Jesus ihm am Sabbat aufgetragen habe, seine Bahre zu tragen, was ja streng verboten war. Aber Jesus hatte ihn ja schon vorausschauend gewarnt: „Sieh zu, daß dir nicht Schlimmeres (als deine körperliche Lähmung) zustößt!“ – (Joh 5, 14).

Nun das zweite Gleichnis: Ein Kind ist schwer erkrankt und muß eine schwere Operation über sich ergehen lassen. Die Eltern versuchen schon zu Hause, das Kind auf den Krankenhausaufenthalt vorzubereiten. Sie versuchen, alles möglichst positiv darzustellen. „Die Schwestern werden lieb und nett zu dir sein, und die Ärzte werden sich um dich kümmern; dann kommst du in den Operationssaal, du wirst einschlafen, und wenn du munter wirst, dann wirst du gesund sein.“ Doch als dann das Kind in das Spital kommt, erlebt es alles ganz anders. Die Umgebung wirkt kalt und fremd. Das Kind fühlt sich verloren und einsam. Und als es dann in den Operationssaal gebracht wird, befällt es panische Angst.

Es schreit. „Ihr wollt mich umbringen! Warum tut ihr mir das an?“ Die Eltern stehen vor der Türe des Operationssaales, und die Schreie des Kindes treffen ihr Herz. Sie hoffen, daß das Kind nicht ganz an ihrer Liebe verzweifelt.

In der Situation der Eltern befindet sich Gott, wir sind in der Situation des Kindes. Wir müssen oft durch dunkle Etappen unseres Lebens, die uns Gott nicht ersparen kann. Aber sie führen zum Ziel, zu unserem Heil. Und dann kann Gott auch nur hoffen, bangen und warten, daß unser Vertrauen nicht zusammenbricht, daß wir auch im Leid seine Liebe entdecken.

HEILUNGSDIENST DER GEMEINDE

Das Sakrament der Krankensalbung stützt sich auf ein Schriftwort aus dem Jakobusbrief: „Ist einer von euch krank? Dann rufe er die Ältesten der Gemeinde zu sich; sie sollen Gebete über ihn sprechen und ihn im Namen des Herrn mit Öl salben. Das gläubige Gebet wird den Kranken retten, und der Herr wird ihn aufrichten; wenn er Sünden begangen hat, werden sie ihm vergeben. Darum bekennt einander eure Sünden und betet füreinander, damt ihr geheilt werdet“ – (Jak 5, 14–16).

Der Kranke wendet sich an den Ältesten, er wendet sich an die Gemeinde. Er macht dadurch deutlich, daß seine Krankheit mit der Gemeinde in einem Zusammenhang steht. Die Ältesten beten über ihn und salben ihn als Zeichen der leibhaften Zuwendung Gottes mit Öl. Gott selbst legt dem Kranken die Hände auf durch die Hände des Priesters und salbt ihn mit seinem Heiligen Geist. Da uns das gemeinschaftliche Fürbittgebet in der Gemeinde noch viel zuwenig geläufig ist, steht auch das Heilungsgebet im leeren Raum. Es müßte eine Selbstverständlichkeit werden, daß wir unsere Anliegen in der Gemeinde vorbringen. Wenn ich z. B. vor einer schweren, wichtigen Entscheidung stehe, sollte es eine Selbstverständlichkeit sein, daß ich vor die Gemeinde mit diesem Anliegen hintrete und daß einige unter Handauflegung Segensgebete über mich sprechen und daß sie mir den Geist der Klarheit und Weisheit von Gott her erflehen. Dem Gebet der Gemeinschaft kommt ein höherer Stellenwert zu als dem des einzelnen. Wo diese Gebetspraxis der Gemeinde üblich wird, da hat die sakramentale Zuwendung Gottes im Heilungsdienst der Gemeinde einen besonderen Platz. Meist machen wir ja den Fehler, daß wir uns mit unseren Sorgen und Problemen verkriechen, daß wir uns selbst isolieren und daß wir die Krankheiten zu verbergen suchen. In der Leistungsgesellschaft kann ja das Zugeben der Krankheit ein Grund zum Ausschluß aus der Gesellschaft sein. So sollte die Gemeinde jener Ort und jene menschliche Gemeinschaft sein, wo der Mensch zunächst einmal krank sein darf, d. h. wo seine Krankheit nicht zum Kriterium der Wertschätzung wird. Die Gemeinde stellt den Kranken hinein in das Heilswirken Gottes. In den Heilungsberichten der Evangelien heißt es meist, daß die anderen den Kranken zu Jesus gebracht hatten. Das ist der Dienst der Gemeinde, daß sie im Gebet und im Glauben den Kranken zu Jesus hinbringt. Auf Grund der obigen Ausführungen über die soziale Dimension der Krankheit betet die Gemeinde: „Herr, ein Glied unserer Gemeinde ist krank, und wir alle leiden mit ihm mit. Heile unsere Gemeinde!“

Es erfolgt eine Identifikation der Gemeinde mit dem Kranken, und das stellt eine wichtige psychologische, soziale, aber auch spirituelle Voraussetzung für die Heilung dar.

Die Kirche hat durch all die Jahrhunderte den Heilungsauftrag Jesu erfüllt, manchmal deutlicher, manchmal verhüllt oder verzerrt. Und doch war immer ein und derselbe Geist heilend am Werk. Gerade in unserer Zeit, wo die Menschen krank sind vor Einsamkeit und Beziehungslosigkeit, kommt dem Heilungsdienst der christlichen Gemeinde ein ganz neuer Stellenwert zu.

Die Spendung des Sakramentes

Was ich im vorausgehenden Abschnitt über die Gemeinde sagte, das gilt natürlich für den Idealfall der christlichen Gemeinde. Aber unsere Pfarrgemeinden sehen oft anders aus. Und auch das Sakrament der Krankensalbung wird nicht als zeichenhafte, leibhafte Zuwendung Gottes zum Kranken als Stärkung und Heilung erfahren. Ich erinnere mich noch mit Schrecken, wie ich als Neupriester zum ersten Mal „die letzte Ölung" spendete. Ich wurde etwa um Mitternacht ins Krankenhaus gerufen. Der Kranke war schon mehr tot als lebendig. Man hatte ihn, damit die anderen durch meinen Besuch nicht im Schlaf gestört würden, in einen Zwischenkorridor geschoben. Auf der einen Seite waren bis zur Decke Kartons und anderes Verpackungsmaterial gestapelt, auf der anderen Seite war ein Schacht, irgendeine Absaugvorrichtung der Klimaanlage, die ein schreckliches Geräusch von sich gab. Da stand ich nun. Ich dachte mir: Mein lieber Kranker, deinen letzten Hauch von Geist saugen sie mit dieser Absauganlage weg, und was dann noch übrigbleibt, kommt zu den leeren Kartons! Mir war zum Weinen zumute. Da soll ich ein Sakrament spenden? Ich hielt lange die Hand des sterbenden Mannes, nachdem ich ihm das Sakrament gespendet hatte. Ich kam mir elend und ausgestoßen vor, vielleicht stellvertretend für den Sterbenden.

Die Spendung dieses Sakramentes braucht den rechten Ort und auch die rechte Zeit, vor allem aber auch die rechte Einstellung. Seit Jahrhunderten kämpft die Kirche gegen die irrige Einstellung, daß dies ein Sakrament der Sterbenden sei. Schon am Konzil zu Trient (1545–1563) hat man eindringlich darauf verwiesen, daß das Sakrament für den Kranken gedacht sei und nicht als Übergang vom Leben zum Tod. Doch bis in unsere Zeit hielt sich im Volk diese Einstellung. Wenn ich einem Kranken den Vorschlag mache, von diesem sakramentalen Angebot Gebrauch zu machen, dann stellt er die Frage: „Ist es wirklich schon soweit mit mir?"

Es wird noch einige Zeit dauern, bis dieses Sakrament in den christlichen Gemeinden wieder in der rechten Weise „heimisch" geworden ist und richtig gehandhabt wird.

Krankengottesdienste mit dem Angebot zum Empfang der Krankensalbung können den Weg ein wenig bereiten. Ich bin überzeugt, daß in demselben Ausmaß, wie lebendige Gemeinden entstehen, auch der sakramentale Heilungsdienst in ganz neuer Weise in der Kirche aufleben wird.

Sakrament der Ehe – Zeichen der Liebe und Treue Gottes

Einander Heimat sein

Ich möchte die Ausführungen über das Sakrament der Ehe mit der Feststellung einer Tatsache beginnen, daß heute immer mehr junge Menschen in noch recht unreifem Alter eine gemeinsame Wohnung beziehen. Alle Schlagworte wie „Ehe ohne Trauschein" oder „Probeehe" treffen das Problem nicht genau. Im Grund geht es um die Ursehnsucht des Menschen nach einer Heimat und zwar nach einer absoluten, unzerstörbaren und unvergänglichen Heimat. „Unsere Heimat ist im Himmel" – (Phil 3, 20). So schreibt der heilige Paulus. Gott läßt uns aber in diesem Erdenleben nicht in Heimatlosigkeit dahinirren, bloß mit der vagen Versprechung, daß am Ende dieses heimatlosen Daseins uns die wahre Heimat geschenkt wird. Gott setzt ein Zeichen, in dem sich abbildhaft schon etwas von dieser Heimat verwirklicht, nicht in der Vollendung, aber in der Hoffnung. Gott schenkt das Sakrament der Ehe als ein Zeichen, in dem Mann und Frau einander in sakramentaler Weise aus dem Glauben Heimat sein können. Das Verlangen nach der wahren Heimat wird dadurch nicht gestillt oder unterdrückt, sondern es wird dorthin ausgerichtet, wo die wahre Heimat zu finden ist und wofür die jetzige gegenseitige Beheimatung ein Zeichen, ein Abbild, ein Vorgeschmack sein soll.

Das Zusammenleben ist also viel mehr als eine praktisch-organisatorische Angelegenheit, und ich möchte es auch als einen Teil des Sakramentes bezeichnen, wenn es aus dem

Glauben geschieht. Dabei geht es nicht um die Größe oder Ausstattung der Wohnung, sondern die Ehepartner sollen „einander bewohnen“. Ich gebe dir Raum in mir. Ich lasse dich in mir wohnen. Hier beginnt schon die Schwierigkeit des Lebens zu zweit: Öffne ich wirklich die Wohnung meines Herzens? Oder gebe ich dem Partner nur im Vorraum eine vorläufige Unterkunft? Angesichts der steigenden Zahl von Ehescheidungen und auch der allgemeinen Gewöhnung daran erhebt sich die Frage, ob eine Ehe überhaupt gelingen kann. In diesem Raum der Verunsicherung hat die sakramental gelebte Ehe plötzlich eine ganz neue Chance und einen neuen Auftrag; entgegen allen geistesgeschichtlichen Entwicklungen und Verfallserscheinungen der Gesellschaft dokumentiert die christliche Ehe, daß Gott sich dem Menschen in unendlicher Treue zuwendet, um ihn zu lieben und ihn heimzuholen; und als Zeichen dafür können die Eheleute einander Heimat schenken, als Zeichen für das, was Gott uns bereitet hat.

Wenn der Glaube an Gott schwindet, so schwindet auch die Hoffnung, daß es für den Menschen überhaupt Heimat gibt. Und in dieser zunehmenden Hoffnungslosigkeit und Zukunftslosigkeit gibt sich der Mensch mit jeder beliebigen Notlösung zufrieden. Heimat gibt es aber nur in Verbindlichkeit und Treue. Stellen wir uns vor, ich würde einen Obdachlosen aufnehmen und zu ihm sagen: „Ich probiere es ein paar Tage mit dir! Vielleicht kannst du bleiben, aber vielleicht werfe ich dich nach ein paar Tagen wieder hinaus!“ Der Obdachlose hätte zwar ein Dach über dem Kopf, aber er hat noch keine Heimat. Ein Haus ist noch kein Zuhause. Es lastet auf ihm der Leistungsdruck, sich so zu benehmen, daß er nur ja meinen Erwartungen entspricht und seinen Wohnplatz nicht verliert. Er lebt in Ungewißheit und Unsicherheit. Genau das geschieht aber, wenn das „Wagnis Ehe“ nicht von vorneherein als verbindlich und unauflöslich beginnt. Dann können sie einander zwar Wohnung bieten, aber nicht Heimat. Es ist ein jederzeit kündbares Mietverhältnis. Und so unterliegen die Probeehepartner einem starken psychischen Leistungsdruck, einander zu gefallen und den gegenseitigen Erwartungen (materielle, sexuelle, ideelle usw.) zu entsprechen, damit das Wohnverhältnis nicht aufgekündigt wird. Eine psychologische Studie an solchen Probeehen zeigte eine um 40 Prozent höhere Anzahl an psychosomatischen Störungen als bei Ehen, die sich zur Verbindlichkeit und Unauflöslichkeit bekannten. Das allein sollte schon zu denken geben.

Der griechische Mathematiker Archimedes prägte den Ausspruch: „Man gebe mir einen Punkt, und ich hebe die ganze Welt aus den Angeln.“ Er meinte damit, daß in unserem Kosmos jeder beliebige Punkt als Bezugspunkt meiner Betrachtung angenommen werden kann. Ich kann alles von der Erde aus, von der Sonne aus oder auf irgendeinen anderen Himmelskörper bezogen, messen.

Im übertragenen Sinne könnten wir sagen: Man gebe mir für mein menschliches Leben einen Punkt, der unverrückbar, unvergänglich, absolut ist, und mein Leben wird glücklich und erfüllt sein. Genau dieser Punkt wollen die Ehepartner füreinander sein. Was sie da wagen, ist eigentlich unfaßbar und unvorstellbar. Übersteigt es nicht das menschliche Leistungsvermögen? Wie kann ich eine Zusage geben für eine Zukunft, die ich gar nicht kenne? Gerade darin wird die Ehe aber von einer menschlichen Bindung auf die Ebene des Sakramentes gehoben. Der Mensch wird oft an seine Grenzen stoßen, wo er diese Zusage, dem anderen Heimat zu sein, nicht mehr halten kann. Es ist wie ein Gehen über das Wasser. Im Blick auf den Herrn konnte Petrus es tun – (vgl. Mt 14, 22–33). Aber als er seine eigenen Möglichkeiten abschätzte und die Bedrohung durch Wind und Wellen sah, begann er zu sinken.

Bei der Trauung sollten die Brautleute einander sagen: „Gott hat uns eine ewige Heimat verheißen. Als Zeichen, als Bestärkung unserer Hoffnung auf diese Heimat dürfen wir schon in diesem Leben einander Heimat sein. Solange der Glaube uns trägt, werden wir einander die Wohnung unseres Herzens öffnen und allen Widerwärtigkeiten zum Trotz immer offen halten, bis wir einst unverhüllt und für immer beieinander und bei Gott zu Hause sind.“

Was macht die Ehe zum Sakrament?

Um zu einer Antwort auf diese entscheidende Frage zu gelangen, könnten wir Parallelen zu anderen Sakramenten ziehen. Was macht die Feier eine Gemeinschaft zur Eucharistiefeier? Nicht durch den Gemeinschaftswillen und durch das gute Verstehen untereinander wird Christus gegenwärtig im Sakrament der Eucharistie, sondern weil der Vater durch den Heiligen Geist am Werk handelt, so wie es unmittelbar vor der Wandlung im Hochgebet der Messe heißt:

„Sende deinen Geist herab auf diese Gaben und heilige sie, damit sie uns werden Leib und Blut deines Sohnes, unseres Herrn Jesus Christus" – (Zweites Hochgebet). Gott selbst ist am Werk. Das Sakrament steht im Schnittpunkt von Zeit und Ewigkeit; im Sakrament fließen menschliches Tun und Wirken des Heiligen Geistes so zusammen, daß wir es nicht mehr trennen können. Das Sakrament reicht von der neuen Welt Gottes herein in unsere raum-zeitliche, sinnlich-erfahrbare Existenz. Daher sind die Sakramente auch Zeichen des Unterwegsseins, Zeichen des Vorläufigen und Unvollendeten und verweisen aber gerade dadurch auf das Eigentliche, auf das Vollendete. So sagt uns die Eucharistie: Hier feiert ihr ein Fest mit Gott, aber alles ist unzulänglich: eure Bereitschaft, eure Liebe, eure Erkenntnis... Aber gerade deshalb wird dieses Mahl Zeichen und Garantie dafür, daß Gott selbst alle Unzulänglichkeit wegnehmen wird und euch zum unverhüllten Festmahl führen wird. So sagt es schon der Prophet Jesaja: „Gott zerreißt die Hülle, die alle Nationen verhüllt und die Decke, die alle Völker bedeckt" – (vgl. Jes 25, 6–8) und feiert mit ihnen ein wunderbares Fest.

So steht auch das Sakrament der Ehe im Schnittpunkt zwischen Vorläufigem und Vollendeten. Das Unzulängliche an menschlicher Gemeinschaft, an Heimat, an Vertrauen benützt Gott, um es zum Zeichen zu machen für das, was kein Auge gesehen, kein Ohr gehört, was in keines Menschen Herz gedrungen ist, das Große, das Gott denen bereitet hat, die ihn lieben – (1 Kor 2, 9).

Gott bedient sich der menschlichen Unzulänglichkeit, um sie zum Zeichen für das Vollendete zu machen. Er nimmt

Brot und Wein, Speisen, die verderben und die zu Ende gehen, und er gibt uns darin jene Speise, die nie mehr endet und die keinen Hunger und Durst mehr aufkommen läßt. So nimmt er auch die oft recht armseligen Voraussetzungen eines paradiesischen oder himmlischen Zusammenlebens (himmlisch ist es meist nur während der Zeit des Verliebtseins, dann wird es recht irdisch) und macht sie zum Zeichen. Stellen wir uns vor, wir wären unterwegs in der Wüste, alle verstreut, getrennt, verirrt. Einige sehen plötzlich die rettende Oase. Sie stellen für die Nachkommenden einen Wegweiser auf: Zur Oase! Und als Zeichen hängen sie ihre Wasserflasche und ein paar Datteln daran, die sie noch in ihrem Vorrat finden. Das spärliche Zeichen wird in denen, die nachkommen, die Gewißheit wecken, daß die rettende Oase wirklich schon nahe sein muß, denn die Zeichen von Wasser und Datteln bezeugen die Glaubwürdigkeit. Wer würde sich vom letzten Tropfen Wasser trennen, wenn er nicht die Oase wirklich schon in greifbarer Nähe sah?

Wenn also Mann und Frau dieses Wagnis eingehen, mitten in der Unsicherheit und Zerrissenheit, in der Heimatlosigkeit und Zukunftslosigkeit unserer Zeit einander ein unverbrüchliches Wort zu geben, dann wollen sie einander Sakrament der Treue Gottes sein. Wer es in dieser Unsicherheit (viele würden sagen „Unmöglichkeit") wagt, eine verbindliche, unauflösliche Zusage zu geben, der muß wissen, daß er in entscheidenden Augenblicken der Herausforderung von anderswoher die nötige Kraft geschenkt bekommt.

Ich war einmal bei einem Gespräch anwesend, wo es um das Thema „Ehe auf Zeit oder lebenslänglich" ging. Einige der Gesprächsteilnehmer lebten in Probeehen, einige waren kirchlich verheiratet. Einer, der offensichtlich seine Ehe als Sakrament sehr ernst nahm, wurde gefragt: „Wie kannst du heute sagen, daß du in 30 Jahren die Kraft haben wirst, mit deiner Frau zusammenzuleben? Du veränderst dich doch, und deine Frau auch." Der Gefragte gab folgendes zur Antwort: „Nehmen wir an, ich würde in unserer wirtschaftlich unsicheren Zeit eine Firma gründen wollen. Alle raten mir ab. Nur mein Vater sagt: Tu es! Ich stehe zu dir! Und wenn dein Kapital knapp wird, dann garantiere ich dir, daß ich dir immer über die Runden helfe! Wenn ich die Firma also wirklich gründe und wenn sie durch dick und dünn besteht, allen widrigen Prognosen zum Trotz, da werden dann die anderen sagen: Hinter dem steht einer, der ihn unterstützt! Seht ihr, so ist es auch mit meiner Ehe. Jeder von euch sagt mir: Das geht nicht! Doch Gott, unser Vater, hat sich bei meiner Trauung verbürgt, daß er mir immer genügend Kraft geben wird, gemeinsam weiterzugehen."

Sofort fielen die anderen Diskussionsteilnehmer über ihn her mit dem Argument: „Und warum gehen dann so viele christliche Ehen in Brüche?"

Der junge Ehemann ließ sich nicht irritieren und antwortete: „Bleiben wir bei meinem Beispiel von der Firma. Wenn ich in Schwierigkeiten gerate, aber ich habe ganz vergessen, daß mir der Vater Hilfe versprochen hat oder ich nehme sein Versprechen gar nicht ernst und denke mir: Was kann mir denn der schon helfen? Dann werde ich alleine dastehen und scheitern. Ausschlaggebend ist, daß ich dem Vater und seinem Angebot vertraue und daß ich mich auch jederzeit an ihn wende. Viele christliche Eheleute, die in Krisen geraten, haben vergessen, was der Vater ihnen in jener feierlichen Stunde vor dem Traualtar zugesichert hat. Oder sie trauen ihm nichts zu. Dann bleiben sie in ihren Grenzen stecken, und die christliche Ehe wird wie jede andere Beziehung an den menschlichen Grenzen scheitern."

Der junge Ehemann hat in seiner Argumentation sehr klar die Stellung des Glaubens und seine entscheidende Funktion im Sakrament ausgedrückt. Die Kraft des Sakramentes kann sich erst im Glauben entfalten. Und zu diesem Glauben muß ich mich täglich durchringen.

Dienst an der Kirche oder Privatidylle?

Auch vor dem Sakrament der Ehe hat die allgemeine Privatisierung des Glaubenslebens nicht haltgemacht. In zunehmendem Maße heiratet man ja gar nicht mehr. Und das ist auch logisch. Denn wenn ich keinen Gott mehr habe, der mir Zukunft garantiert, dann brauche ich auch keine Hochzeit mehr, die ja ein Fest auf diese Zukunft hin sein soll. Das „Zusammenziehen" geschieht still und ohne Aufsehen, schon deswegen, damit man sich eine Tür zum Rückzug offenhält. Darum möglichst wenig Zeugen meines Versuches, der gezeichnet wird, von Unsicherheit und Hoffnungslosigkeit. Auch wenn zwar noch eine kirchliche Heirat stattfindet, ist die innere Einstellung oft nicht viel anders. Der Priester sagt nach dem Eheversprechen zu allen Anwesenden: „Euch alle, die ihr hier zugegen seid, nehme ich zu Zeugen dieses heiligen Bundes." Ist dieser Auftrag zur Zeugenschaft im christlichen Sinn den Hochzeitsgästen bewußt? Nicht einmal den amtlichen Trauzeugen. Die Zeugenschaft schließt nämlich eine Mitverantwortung im Glauben ein. Die kirchliche Feier ist eine öffentliche Kundgebung, daß zwei Menschen sich im Glauben auf Gott einlassen wollen. Dieser Schritt bleibt nicht ohne Auswirkungen auf die Kirche. Die Eheleute wollen einander Sakrament des Heiles sein. In ihrer Liebe, so begrenzt und unzulänglich sie auch sein mag, soll dem anderen aufgehen, wie sehr Gott uns liebt und vor allem, was er uns bereithält. So ist die sakramental gelebte Ehe der kleinste Baustein der Kirche. Heute erfolgt eine Neubesinnung auf das Ehesakrament, weil wir entdecken, daß der sanierungsbedürftige Zustand unserer Kirche mit dem bedrohlichen Zustand der Ehen zusammenhängt. Vor dem eigentlichen Eheversprechen oder dem Ja-Wort werden die Brautleute befragt: „Seid ihr bereit, als christliche Eheleute eure Aufgaben in Ehe und Familie, in Kirche und Welt zu erfüllen?"

Die Ehe ist keine Idylle zu zweit. Würde man dabei stehenbleiben, sich ständig gegenseitig die Liebe zuzusagen, so endet dies in einer Einsamkeit zu zweit, in einem Egoismus zu zweit. Das Sakrament und die daraus resultierende Aufgabe rufen die Eheleute immer wieder zum Dienst an der Kirche und an der Welt. Der Mangel an Bereitschaft, sich zu öffnen, beginnt schon mit der Weigerung, Kinder anzunehmen. Sie könnten sich ja in die traute Zweisamkeit drängen, könnten Verzichte auferlegen. Carlo Carretto sieht zwei Symptome einer Gesellschaft für sehr gefährlich an: Wenn der junge Mann keine Weltverantwortung mehr tragen will und wenn die Frau alles tut, um keine Kinder zu bekommen. Man kann schlicht und einfach sagen: Wer Kinder ablehnt, lehnt die Zukunft ab. Sagen nicht viele, es sei unverantwortlich, heute noch Kinder in die Welt zu setzen, weil die Zeiten so unsicher seien: Umweltvergiftung, Gefahren eines Atomkrieges, schreckliche Krankheiten usw. Solche Äußerungen kann man nur machen, wenn man die Zukunft in den Händen der Menschen sieht. Wenn ich die Zukunft nicht in Gottes Händen wüßte, würde ich mir heute noch aus panischer Angst vor einer von Menschen gemachten Zukunft eine Kugel in den Kopf jagen. Kinder sind Zeichen des Glaubens an eine Zukunft mit Gott, vorausgesetzt, daß sie bewußt gezeugt und nicht bloß ungewollte Zufallsprodukte sind.

Aber nicht nur auf die Kinder hin muß sich die eheliche Zweisamkeit öffnen, um ihrem kirchlichen Auftrag gerecht zu werden, sondern überhaupt in den Raum der Kirche hinein. Im allgemeinen Verfall der Kultur und der Gesellschaft ist es an der Zeit, aus den christlichen Ehen neue gesellschaftliche Modelle zu entwickeln. Schon im ersten Abschnitt dieses Kapitels war die Rede von Heimat und Wohnung. Durch gezielte, ideologisch gesteuerte Gesellschaftsveränderung wurde der Mensch heimatlos gemacht. Jede Ideologie, ob östlich oder westlich, rechts oder links, weiß, daß der beheimatete Mensch unangreifbar wird. Um den Menschen ideologisch in den Griff zu bekommen, wurde er entheimatet; sein Wohnraum wurde zerstört. Die Lebenseinheiten, in denen uralte Lebensweisheiten verborgen lagen, wurden mit einer Überheblichkeit zertrümmert und einer materialistischen Ideologie geopfert. Der heimatlose Mensch, egal ob jung oder alt, ist anfällig und fast wehrlos gegen geschickte ideologische Manipulation, weil ihm keine Heimat mehr den nötigen Rückhalt gibt. Bei dieser Heimat geht es nicht bloß um einen Wohnraum, um ein Dach über dem Kopf oder um Menschen, mit denen man so recht und schlecht zusammenlebt, sondern es geht vor allem um gelebte Zukunft. Diese Heimat, in der die Zukunft spürbar wird, verweist mich immer zeichenhaft auf die eigentliche Heimat. Daher kann mich niemand locken mit noch so schönen marktwirtschaftlichen oder politischen Versprechungen, in denen mir Glück, Erfüllung, Zukunft vorgegaukelt wird. Ich bin ein beheimateter Mensch, der um seine eigentliche Bestimmung und Zukunft weiß.

Deshalb wird mit raffinierter und brutaler Methode dem Menschen die Heimat genommen. Schauen wir doch unsere Jugend an. Gleichgültig, resigniert, zukunftslos, orientierungslos, heimatlos. Und doch ein Pulverfaß! Wem es gelingt, hier einen Funken hineinzuwerfen, der entfesselt schreckliche Gewalt: Vandalismus, Terrorismus und Anarchie. Die vielen Ausschreitungen und Jugendkrawalle sprechen eine deutliche Sprache und sind ein Warnsignal. Am Alpbacher Forum 1972 hat ein Wissenschaftler die Theorie entwickelt, unser Lebensstandard könnte um mindestens 9 Prozent noch gesteigert werden, wenn die Institution Familie endlich ausgemerzt und abgeschafft würde. Und ich glaube, daß dies nicht nur der Wunsch und die Meinung dieses einen Wissenschafters war. Heimatlose Menschen können leicht zum willenlosen und kritiklosen Stimmvieh erzogen werden. Darum richtet sich die ideologische Zerstörung vor allem gegen die Familie und gegen die Schule. Je mehr diese Ideologie, die sich jetzt noch tarnt, an die Oberfläche kommt, desto größer wird die Aufgabe der Kirche werden, den heimatlosen Menschen in einer ganz neuen Weise wieder zu beheimaten.

Dies ist der zeitgeschichtliche Hintergrund, vor dem heute Ehe und Kirche als Heimat gelebt werden sollen. Ich habe es erleben dürfen, wie Ehepaare ihr Haus und ihr Herz geöffnet haben, um andere, vor allem Jugendliche, an diesem Beheimatetsein teilhaben zu lassen. Für viele junge Menschen war das vielleicht die Rettung vor dem Absacken in Sinnlosigkeit oder Süchte.

Wenn die Ehe sich auf die Kirche hin öffnet, drängt sie zur größeren Gemeinschaft. Wir trauern heute manchmal den früheren Großfamilien nach, der Sippe oder der Dorfgemeinschaft. Sicherlich war da keineswegs alles rosig und ideal, wie es uns heute manchmal in der nostalgischen Rückschau auf „die gute alte Zeit“ erscheint. Aber es lagen in diesen sozialen Lebensmodellen großen Chancen. Ob sie damals entsprechend genützt wurden, bleibt eine andere Frage. Aber heute haben wir durch das Fehlen solcher Lebensmodelle diese Chancen gar nicht mehr. Das magische Wort „Gemeinschaft" geistert heute durch Kirche und Gesellschaft. Wir wissen sehr gut, was uns fehlt. Und ich bin überzeugt, daß neue gesellschaftliche Verbände entstehen werden und entstehen müssen, damit die Ehen aus ihrer Zweisamkeit der Kleinstfamilie und aus der Gettosituation herausgeholt werden. Ehe als Sakrament zu leben, ist schwer. Es ist aber noch viel schwerer, dies als einzelnes Ehepaar allein zu leben ohne die Hilfe im Glauben durch Freunde, Brüder und Schwestern, mit denen ich mich eng verbunden fühle.

Leid und Krise in der Ehe

Gott hat den Menschen als Mann und Frau erschaffen, und er hat sich dabei sicherlich etwas gedacht. Aber die Sünde, die das Verhältnis zwischen Gott und Mensch zerstörte, hat auch das Verhältnis zwischen Mann und Frau gestört oder zerstört.

Wir kennen alle den biblischen Bericht von der Erschaffung der Frau aus einer Rippe des Mannes. Es gibt genügend witzige und boshafte Auslegungen zu dieser Bibelstelle – (Gen 2, 21–24). Eine Deutung aber hat mir gut gefallen, und ich finde sie sehr tiefsinnig. Diese Deutung meint, Gott habe die Frau nicht aus dem Kopf des Mannes geschaffen, sonst wäre sie kopflastig und möchte immer oben sein. Gott habe die Frau auch nicht aus dem Fuß des Mannes geschaffen, sonst müßte sie immer dienen und unten sein. Gott schuf die Frau aus der Seite des Mannes, damit sie seinem Herzen immer nahe sei. Vielleicht wollte der biblische Autor mit seinem Bericht auch dies ausdrücken. Gott schuf sicher Mann und Frau für eine ganz tiefe Vertrautheit. Vertrauen bedeutet, dem anderen nur Gutes zutrauen. Ich halte es gar nicht für möglich, daß es der andere nicht gut meinen könnte. Im biblischen Bericht vom Sündenfall – (Gen 3, 1–24) schildert der biblische Autor in klarer, geradezu psychologischer Darstellung, wie das Mißtrauen eine Beziehung vergiften kann, wenn ihm nicht sofort mit radikalem Vertrauen begegnet wird. Die Schlange fragt die Frau: „Hat Gott wirklich gesagt: Ihr dürft von keinem Baum des Gartens essen?" Dies hatte Gott nicht gesagt. Aber die Schlange stellt das Verbot überdimensional dar, sodaß im Menschen der Keim des Mißtrauens zu wachsen beginnt: Heute sagt Gott, daß wir von dem einen Baum nicht essen dürfen; morgen verbietet er uns vielleicht wirklich alle Bäume. Vielleicht meint er es gar nicht gut mit uns? Schon ist das Mißtrauen da, und schon hakt die Schlange ein. Natürlich meint es Gott nicht gut mit euch. Er verbietet euch doch nur deshalb, von diesem Baum zu essen, damit ihr nicht werdet wie Gott! Und das Mißtrauen greift um sich und zerstört die Beziehung.

Diesen Vorgang erleben wir hundertfach und tausendfach. Irgendeiner sagt mir beispielsweise: „Weißt du, was dein Freund über dich erzählt?" Und schon beginnt das Gift zu wirken. Dieser Freund! Das hätte ich mir nicht gedacht! Und ich bringe plötzlich alles in Beziehung zu dieser Aussage. Ja, gestern hat er mich so eigenartig angeblickt. Sicher hatte er ein schlechtes Gewissen. So vergiftet sich die Beziehung immer mehr. Das ist die Sünde, das ist das Mißtrauen. Der Teufel wirkt einfallslos. Er verwendet immer wieder den gleichen Trick. Aber der Mensch wirkt ebenso dumm und einfältig und fällt ihm seit Jahrtausenden auf diesen Trick hinein. Das Ergebnis bedeutet Mißtrauen, Entfremdung, Kälte, Heimatlosigkeit, Haß, Einsamkeit...

Wenn zwei Menschen trotz dieser Anfälligkeit den Weg des Vertrauens wagen, müssen sie sich dessen bewußt sein. Es wird dunkle Stunden geben, Belastungsproben des Vertrauens. Wenn ich auch nur mit einem Funken Vertrauen dem anderen noch Gutes zutraue, wird die Beziehung gerettet. Gott selbst verbürgt sich, mir diesen Funken zu geben. Trotzdem kann eine Ehe in eine schwere Krise geraten. Was ist dann zu tun? Wie sollte man handeln, um auch darin noch ein sakramentales Zeugnis zu geben. Ich möchte vorschlagen, in einer solchen Situation gemeinsam drei Blicke zu tun: Einen Blick in die Vergangenheit, einen in die Gegenwart und einen in die Zukunft. Der Blick in die Vergangenheit bedeutet das Bejahen all des Schönen und Positiven. In solchen Zeiten der Dunkelheit kommt man in Gefahr, alles über Bord zu werfen. Die Ehepartner sagen sich: „Wahrscheinlich haben wir einander ohnedies nie geliebt.

Wahrscheinlich war alles eine Illusion.“ Solche und ähnliche Äußerungen kommen dann und signalisieren die Gefahr, daß alles Positive, das in den Jahren vor der Krise gewachsen ist, jetzt nicht mehr anerkannt, sondern abgeleugnet wird. Daher: Der Blick in die Vergangenheit = Festhalten an allem Schönen, Guten, Erfüllenden!

Der Blick in die Gegenwart bedeutet ein positives Annehmen der gegenwärtigen Situation; kein Flüchten, kein Bagatellisieren, kein Dramatisieren. Der Christ hat allgemein den Mut, dem Leid in seiner vielfältigen Erscheinungsweise Auge in Auge gegenüberzustehen. Es gibt meines Wissens nur in der deutschen Sprache die Möglichkeit, statt „Ich liebe dich!“ zu sagen: „Ich kann dich gut leiden!“ Lieben und Leiden stehen hier schon rein sprachlich ganz nahe beisammen. Liebe ist nicht nur ein schönes Gefühl. Sie bewährt sich erst im Leid. Und nach dem durchstandenen Leid ersteht sie in neuer, viel größerer Stärke. „Die Liebe trägt alles, glaubt alles, hofft alles, hält allem stand. Die Liebe hört niemals auf“ – (1Kor 13, 7 f.). So zeichnet der heilige Paulus das Idealbild der Liebe. Unsere Zeit zwingt uns immer zu Sofortlösungen. Man muß aber den Mut aufbringen, Dinge und Situationen ungelöst und ungeklärt stehen lassen zu können. Meist werden nämlich in solchen Situationen kurzsichtige und kurzschlüssige Lösungen herbeigeführt, die man schon wenig später bereut. Der dritte Blick richtet sich in die Zukunft. Es bedeutet oftmals in schweren Krisen nichts anderes, als bloß einen weiteren gemeinsamen Weg „für möglich zu halten“. Das Wann, das Wie steht in Gottes Hand. Wir wollen Gott eine Zukunft zutrauen. Diese Zukunft muß ja nicht so aussehen, daß Gott die erste Zeit der Ehe neu erweckt. Er kann ganz Neues schaffen, vielleicht viel Tieferes, als es unsere Vergangenheit bis jetzt geboten hat. Ich muß nur diesen kleinen Funken – das bloße „Für-möglich-Halten“ – sorgsam hüten.

Was hier von der Krise zwischen Ehepartnern gesagt wurde, das gilt auch für die Krise in der Beziehung zwischen Mensch und Gott.

Auch da soll ich diese drei Blicke tun. Ich soll festhalten an dem, was gewachsen ist, was ich an gemeinsamer Geschichte mit Gott erfahren habe. Wie schnell urteilen wir doch in solchen Krisenzeiten unseres Glaubens über unsere bisherige Gottesbeziehung: „Das war alles nur Schein, Illusion, Täuschung. Ich bin einem psychologischen oder gruppendynamischen Trick erlegen . . . usw."

Auch den Blick in die Gegenwart sollen wir ertragen. Beten wir doch in solchen Krisenzeiten unseres Glaubens die Psalmen:

„Wie der Hirsch lechzt nach frischem Wasser,
so lechzt meine Seele, Gott, nach dir.
Meine Seele dürstet nach Gott,
nach dem lebendigen Gott.
Wann darf ich kommen,
und Gottes Antlitz schauen?
Tränen waren mein Brot bei Tag und Nacht;
denn man sagt zu mir den ganzen Tag:
‚Wo ist nun dein Gott?'
Das Herz geht mir über,
wenn ich daran denke,
wie ich zum Haus Gottes zog in festlicher Schar,
mit Jubel und Dank in feiernder Menge.
Meine Seele, warum bist du betrübt
und bist so unruhig in mir?
Harre auf Gott, denn ich werde ihm noch danken,
meinem Gott und Retter, auf den ich schaue."
(Ps 42, 2–6)

Der Psalmist beginnt mit dem Blick in die Gegenwart. Dann richtet sich sein Blick in die Vergangenheit, die er voll bejaht. Hierauf schaut er voll Hoffnung und Zuversicht in die Zukunft.

„Harre auf Gott! Denn ich werde ihm noch danken." Jetzt kann er es nicht. Aber der vertrauensvolle Blick in die Zukunft hält an der Gewißheit fest, daß eine Zeit kommen wird, in der er Gott danken wird, in der er wieder jubeln wird können.

Wir müssen die Psalmen erst wieder als ein Gebetbuch für alle Lebenslagen neu entdecken.

Bei diesem Abschnitt über Leid und Krise in der Ehe möchte ich nochmals ganz eindringlich auf die soziale Dimension des Sakramentes verweisen, d. h. das Leid der betroffenen Eheleute geht uns alle an. Wir werden unweigerlich mitschuldig am Zerbrechen einer Ehe, wenn wir die beiden Menschen in ihrem Ringen alleine lassen und vergessen. Gerade jene, die am Hochzeitstag mitgefeiert haben, sollten nun als Trauzeugen ihre Mitverantwortung wahrnehmen; denn dieses Ringen um das Überleben einer sakramentalen Bindung ist nicht die Privatsache der beiden, sondern es ist eine kirchliche Angelegenheit. Wenn eine Ehe zerbricht, ist die Kirche, d. h. wir alle, um eine Hoffnung ärmer. Es mag Krisenzeiten geben, wo es den Eheleuten schwer fällt, einander jene Heimat zu gewähren, die sie vor dem Traualtar versprochen haben. Aber wenn sie sich in diesen Krisenzeiten eingebettet fühlen in der größeren Heimat eines treuen Kreises von Brüdern und Schwestern, kann das Gefühl des Verlassenseins nicht so schnell aufkommen. Das offene und vertrauensvolle Gespräch, die brüderliche Zurechtweisung, das Fürbittgebet, das Segensgebet unter Handauflegung . . ., diese Dienste an einem Ehepaar in Krise müßten in unseren Gemeinden und Gemeinschaften selbstverständlich werden. Meist machen wir das Verkehrte. Wir ziehen uns verlegen und beklommen zurück, wenn wir merken: Bei denen kriselt es!

„Wenn ein Glied leidet, dann leiden alle mit“ – (1 Kor 12, 26). Deshalb kriselt es auch bei uns, bei unserer Mitverantwortung für den Bruder, für die Schwester in der Krise.

Utopisch oder realisierbar?

Es mag sein, daß nach all dem, was ich über das Sakrament der Ehe geschrieben habe, der Eindruck entsteht: Das ist alles Utopie! Ein schöner Traum! Schauen wir uns doch die Wirklichkeit an!

Ich möchte zwei Ansatzpunkte nennen, wie wir die Situation der christlichen Ehe in Zukunft verbessern können.

Der erste Schritt: eine gezielte Sakramentenvorbereitung. Das gleiche, was ich schon bei der Taufe und bei der Firmung gesagt habe, gilt auch für das Ehesakrament: Wir müssen mit allen Kräften sorgen, daß das Sakrament nicht ohne entsprechende Vorbereitung gespendet wird. In vielen Brautpaaren entdecke ich oft eine Unreife, so daß ich einmal scherzhaft sagte: Wir sollen keine kirchlichen Eheseminare, sondern Eheverhütungsseminare abhalten! Mit schlechtem Gewissen habe ich oft Trauungen assistiert, wo ich so wenig an Glaubensvoraussetzung in den Brautleuten spürte. Es ist besser, die Leute leben nur in einer zivilen Ehe zusammen, als daß sie übereilt und ohne entsprechende geistliche Voraussetzung ein Sakrament eingehen, in dem sie dann juridisch gefangen sind. Die Flut von Geschiedenen, die dann wieder geheiratet haben und kirchenrechtlich nach dem derzeitigen Stand vom Sakramentenempfang ausgeschlossen sind, stellen die Kirche vor ein riesiges Problem. Es ist nicht mehr ein Einzelfall, eine Ausnahme, wenn etwa in Wien 60 Prozent aller Ehen in den ersten zehn Jahren wieder geschieden werden. Ich glaube, daß in vielen Fällen auf Grund eines gravierenden Mangels an Glaubensvoraussetzung gar kein Sakrament zustande gekommen ist. Es gibt für die Wiedereingliederung der wiederverheirateten Geschiedenen verschiedene Lösungsversuche. Auch Kardinal Ratzinger hat einen Lösungsvorschlag erarbeitet, als er noch Erzbischof von München war. Mit dieser Frage beschäftigen sich einerseits die kirchlichen Juristen, anderseits aber die Seelsorger, die in persönlichen Gesprächen Lösungen dieser heiklen Fragen anbahnen sollen. Um es aber gar nicht in so großem Ausmaß dazu kommen zu lassen, müßte die Vorbereitung auf die sakramentale Ehe sehr intensiviert werden. In den jungen Menschen findet sich noch viel an Unreife in ihrer Beziehung. Durch die Zeitströmung und durch die Zwangssexualisierung der gesamten Gesellschaft werden sie gedrängt, frühzeitige Bindungen einzugehen, für die sie noch nicht die geistige Basis besitzen. Außerdem vollzieht sich bei vielen jungen Menschen die Annäherung und der Aufbau einer Beziehung im Stenogrammstil (eine Stunde von der Diskothek bis ins Bett!). Die ganz wichtige Phase der Freundschaft zwischen Bursch und Mädchen ist völlig verlorengegangen. Freund und Freundin, damit meint man heute Partner und Partnerin. Mit der Beziehung zwischen Bursch und Mädchen verhält es sich wie mit einem Brückenbau. Ich kann eine schnelle Brücke schlagen, indem ich bloß ein Brett über einen Bach lege. Darauf kann ich hinüberbalancieren. Und viele dieser Beziehungen, die im Zeitraffertempo entstanden sind, gleichen einem Balanceakt. Oft ist es nur die dünne Beziehung der körperlichen Nähe, die sie verbindet. Das kann aber keine tragfähige Brücke sein. Im Lauf eines Lebens müssen schwere Lasten über diese Brücke der Beziehung transportiert werden. Da wird dann die improvisierte Bretterbrücke zusammenbrechen. Beziehung braucht Zeit zum Wachsen.

Natürlich muß hier auch zum Thema „voreheliche Beziehungen“ etwas gesagt werden. Wir sind es gewohnt geworden, daß die Moral von der Mehrheit bestimmt wird. In Wahrheit wird sie ja von einer winzigen Minderheit bestimmt, die die Parole ausgibt: „Alle machen es so!“ Deshalb muß es richtig und gut sein. Denn es können doch nicht alle irren. Gerade in einem solchen Diktat der Moral muß die Kirche mutig und unverkürzt das gelebte Evangelium als Kontrast hinstellen. Viele Jugendliche haben mir schon die Frage gestellt: „Ist vorehelicher Verkehr schlecht? Ist es Sünde?“ Die Frage wird falsch gestellt. Nicht nur, was böse und schlecht ist, ist Sünde, auch das, was zu wenig gut ist, ist Sünde. Im Schuldbekenntnis beten wir: „Ich bekenne, daß ich Gutes unterlassen und Böses getan habe.“

Das Evangelium, die Ordnung, die Gott uns gegeben hat, stellt eine sehr hochgesteckte Idealforderung dar, die wir nur mehr oder weniger erfüllen. Das Zurückbleiben hinter diesem Ideal ist unsre Schuld. Der Lehrer tadelt den Schüler, weil er von den zehn Rechnungen der Hausaufgabe nur sieben durchgeführt hat. Er tadelt ihn nicht wegen der sieben erledigten Rechnungen; dafür kann er ihn loben. Er tadelt ihn wegen der drei fehlenden Rechnungen. So verhält es sich in allen Bereichen des christlichen Lebens, daß wir hinter dem Ideal zurückbleiben; das ist unsere Schuld. Aber das stellt ja auch eine wesentliche Seite der christlichen Lebenshaltung dar, daß wir täglich neu den Mut aufbringen, nach einem Ideal zu streben, und daß wir dieses hohe Ideal nicht einfach auf ein billigeres Maß reduzieren.

Ich erzähle in diesem Zusammenhang immer zwei Gleichnisse. Ich glaube, jeder hat als Kind die Unart gehabt, der Mutter beim Backen von Bäckerei den Teig wegzuessen. Der Teig schmeckte gut. Auch wenn die Mutter schimpfte und uns prophezeite, der Teig würde uns im Magen liegenbleiben, so haben wir ihn doch immer wieder gekostet. Der Teig war sicherlich gut. Aber die Bäckerei, die er nach seiner Bestimmung hätte werden sollen, wäre noch besser gewesen.

So verhält es sich auch beim vorehelichen Verkehr. Er ist noch nicht das, was er nach seiner Bestimmung sein sollte. Wir kosten schon vorher, bevor er seine vom Schöpfer gegebene Bestimmung erreichte.

Nun das zweite Gleichnis. Ich habe als Kind einmal einige Wochen vor dem Weihnachtsfest das Versteck entdeckt, wo die Eltern die Weihnachtsgeschenke deponiert hatten. Man kann sich vorstellen, wie groß die Versuchung war, nachzusehen, was denn da drinnen eingepackt sei. Aber ich bezähmte meine Neugier. Ich wollte mich nicht selbst der Festfreude berauben. Denn die Geschenke erreichen erst ihr Ziel und ihre Bestimmung am Heiligen Abend unter dem Christbaum. So ist es auch, wenn zwei junge Menschen schon vorher dieses von Gott gegebene Geschenk auspacken, weil sie es vorzeitig seiner eigentlichen Bestimmung berauben. Sicherlich wollen die beiden Liebe ausdrücken, und das ist gut, das ist keine böse Tat. Aber sie haben die Fähigkeit nicht zu dem werden lassen, was es nach dem Plan Gottes hätte sein können. Das Zurückbleiben hinter dem Ideal ist die Schuld. Der Christ hat den Mut, gegen den Strom der Zeit zu schwimmen. Er hat den Mut, ein Ideal anzustreben, das sehr hoch gesteckt ist und das ihm von der Gesellschaft entwertet und lächerlich gemacht wird. Aber der Wert, der einem dafür geschenkt wird, rechtfertigt den Einsatz. Als ich einmal in einer Diskussion, wo es auch um dieses Thema ging, ziemlich in die Enge getrieben wurde in meiner Argumentation, da standen zwei junge Leute auf, die bis dahin noch nicht viel gesagt hatten. Der junge Mann sagte: „Ihr wißt anscheinend alle, was es für ein Erlebnis ist, miteinander geschlechtlich zu verkehren. Aber wißt ihr auch, was es für ein Erlebnis ist, gemeinsam der Versuchung zu widerstehen und so über sich selbst hinauszuwachsen?" Seltsamerweise schwiegen alle, und niemand wagte es, sich über diese Äußerung lächerlich zu machen.

Die Einübung in den Verzicht in puncto Sexualität bedeutet eine wesentliche Vorbereitung für eine Ehe. Ich habe in den letzten Jahren mehrere Ehen zugrunde gehen sehen, weil ein Partner den anderen sexuell überforderte. Wenn hier Verzicht und Selbstbeherrschung nicht von Anfang an eingeübt werden, ergeben sich sicherlich bald große Schwierigkeiten.

In vielen amerikanischen Diözesen wurden in letzter Zeit sehr langfristige Ehevorbereitüngskurse (sechs bis zwölf Monate) verpflichtend eingeführt. In dieser Zeit der Vorbereitung können sich die Brautleute das nötige Glaubenswissen aneignen, den Glauben vertiefen und ihre „Kirchlichkeit" unter Beweis stellen. Unter Kirchlichkeit verstehe ich die sichtbare und wirksame Eingliederung in eine konkrete Gemeinde. Wenn jemand überhaupt nicht am Leben der Gemeinde teilnimmt, wie will er dann plötzlich durch die kirchliche Trauung zu einem lebendigen Baustein dieser Gemeinde werden?

Wir sind längst Diasporakirche (das heißt eine christliche Minderheit in einer gottentfremdeten Mehrheit). Jedoch die kirchlichen Richtlinien und die pastoralen Strategien entsprechen dieser Situation noch nicht im nötigen Ausmaß. Sie gehen noch von der Annahme einer Volkskirche mit 90 Prozent Getauften aus. Haben wir doch den Mut, den Tatsachen ins Auge zu blicken. Und wenn man mir sagt: Nur mehr ein Promille der Österreicher sind Christen, so kann diese kleine Schar, wenn sie wirklich aus dem Glauben lebt, die Welt aus den Angeln heben. Die Apostel waren auch nur elf und haben es zustande gebracht, das römische Imperium umzukrempeln.

Der zweite Schritt, um von der Utopie zur Wirklichkeit zu gelangen, muß die Schaffung von lebendigen Gemeinden sein. Wie wir sie benennen (Basisgruppe, Intensivgemeinde, Kerngemeinde usw.) ist sekundär. Nur wenn die christlichen Ehen in eine größere Einheit eingebunden sind, können sie in ihrem schwierigen Zeugnisdienst bestehen und überleben. Wir müssen mutig alle Kraft daransetzen. Gerade im religiösen Leben und im geistlichen Fortschritt werden die christliche Ehe und die verbindliche Gemeinschaft einander brauchen, fördern und bereichern. Drei Elemente müssen sowohl in der Ehe wie in der Gemeinde vorhanden sein: Gebet, Segnung, Glaubenszeugnis.

Wie schwer fällt es selbst gutkatholischen Eheleuten, offen

und frei miteinander zu beten. Hier muß dringend eine Barriere überwunden werden, damit der Gnadenstrom des Gebetes für die eheliche Gemeinschaft erschlossen wird.

Segnungen sind für viele Christen überhaupt etwas Fremdes; ja vielleicht, wenn sie der Priester vollzieht. Aber daß jeder Christ segnen kann und soll, ist uns verlorengegangen. Ich erinnere mich noch an einen sehr schönen Brauch auf dem elterlichen Bauernhof. Am Heiligen Abend zog die ganze Familie segnend durch alle Räume des Bauernhofes. Es war eine feierliche Prozession: Voran der Vater mit einer Schaufel voll Glut, in die er Weihrauchkörner streute, dahinter marschierten wir Kinder. Den Abschluß bildete die Mutter mit dem Weihwassergefäß, in das sie immer wieder einen Zweig eintauchte, um damit die Räume zu besprengen. Der Glaube an die Notwendigkeit des Segens kam darin zum Ausdruck. Wenn wir von zu Hause fortgingen, zeichnete uns die Mutter oder die Großmutter ein Kreuz mit Weihwasser auf die Stirn. Wir müssen es wieder lernen zu segnen. Wir sollen in entscheidenden Augenblicken einander betend und segnend die Hände auflegen. Der Glaube kann nur reifen und zur Wirkung kommen, wenn er bezeugt wird. Lange Zeit war es tabu, über den Glauben zu reden; deshalb fällt es uns noch so schwer. Aber das Glaubenszeugnis beginnt in der Ehe und führt über die Gemeinde hinaus in die Welt, um allen Menschen zu verkünden, daß Gott uns liebt und daß er wunderbar an uns handelt.

Sakrament der Weihe – Hingabe mit Christus an den Vater

In den meisten Abhandlungen über die Sakramente wird das Sakrament der Weihe vor dem Ehesakrament genannt. Ich habe es absichtlich in umgekehrter Reihenfolge getan, weil ich dieses letzte Kapitel über das Weihesakrament auch als ein persönliches Bekenntnis meiner eigenen priesterlichen Existenz verstehe.

Zwei Bewegungen in Jesus Christus

Wenn wir die Texte der Heiligen Schrift betrachten und die Person Jesu meditieren, entdecken wir in ihm eine zweifache Bewegung: Er ist das stärkste und deutlichste Angebot der Liebe Gottes an die Welt; das ist die Bewegung vom Vater zu unserer Welt her. Jesus gibt aber als Mensch dem Vater eine Antwort auf seine Liebe, eine stellvertretende Antwort des totalen Vertrauens. Das ist die Antwortbewegung von der Welt zum Vater hin. Wenn wir das traditionelle Priesterbild betrachten, finden wir darin beide Bewegungen vor; meist ist aber die erste Bewegung, die vom Vater zur Welt, vorwiegend. Es mag überraschen, wenn ich nun behaupte, daß der Kern der priesterlichen Existenz gerade in der zweiten Bewegung, in der Antwort an den Vater, liegt. Im 8. und 9. Kapitel des Hebräerbriefes wird eine ausführliche Beweisführung gegeben, warum Jesus der einzige, wahre und ewige Hohepriester ist.

In der Schule haben wir noch vom dreifachen Amt des

Priesters gelernt: Lehramt, Priesteramt, Hirtenamt. Heute hört man in der Schule davon nicht mehr viel, schon allein deswegen, weil der Begriff „Amt“ allmählich suspekt wurde und sehr ins Kreuzfeuer der Kritik geriet. Die Vereinigung von Lehramt, Priesteramt und Hirtenamt ist aber nicht ursprünglich biblisch und bedarf heute wieder einer gewissen Entflechtung. In den sogenannten Charismenkatalogen (z. B. 1 Kor 12, 8–11 oder 1 Kor 12, 28) finden wir diese Dienste oder „Ämter“ (damals gab es diesen Begriff ja noch gar nicht) getrennt. Erst allmählich sind die freien Charismen in der Gemeinde zurückgetreten, und all diese Dienste, Ämter und Aufgaben wurden in der Person des Priesters vereinigt, womit er überfordert war, weil es dem gesunden christlichen Pluralismus entsprechen würde, wenn jeder in verantwortungsvoller Weise gemäß seinen Charismen zum Aufbau der Gemeinde beiträgt. „Jedem teilt der Geist seine besondere Gabe zu, wie er will“ – (1 Kor 12, 11). Durch eine komplizierte kirchengeschichtliche und geistesgeschichtliche Entwicklung haben sich nahezu alle Dienste in der Person des Priesters vereinigt. Er soll das Charisma der Leitung haben; er soll das Charisma der Prophetie, der Heilung, der Unterscheidung der Geister, des Helfens, des Tröstens, der Kassenverwaltung usw. haben. Dies ist unbiblisch und unchristlich, vor allem aber unpriesterlich. Denn all diese Dienste und Charismen haben primär mit dem Sakrament der Weihe noch nichts zu tun. Sie stehen nämlich in der Bewegung von Gott her zu dieser Welt. Wer prophetisch redet, der deutet die Weltgeschichte als Heilsgeschichte. Gott spricht sein Wort der Liebe durch den Mund des Propheten zu den Menschen. Ich möchte hier rückverweisen auf den Abschnitt Charisma der Prophetie im Kapitel über das Sakrament der Firmung. Wer die Gabe des Helfens oder des Tröstens hat, der macht sich durchlässig für die heilende, helfende und tröstende Liebe, die von Gott her in diese Welt strömt. Wer die Gabe zur Leitung der Gemeinde hat, steht offen für den Geist, der von Gott her in die Kirche einströmt und sie führt und leitet.

Immer wirkt das die Bewegung der Liebe Gottes zu unserer Welt her. Somit sind diese Charismen und Dienste an der Gemeinde oder an der Welt keine priesterlichen Dienste. In vielen Ländern der Dritten Welt hat die pastorale Not wieder zur Weckung der Charismen in großer Vielfalt geführt, und zwar unter den Laien. Jeder trägt etwas bei zum Aufbau einer lebendigen Gemeinde gemäß der Gabe, die Gott ihm vor allem in der Firmung verliehen hat. In diesen Basisgemeinden ist oft ein christliches Leben in einer ungeheuren Vielfalt und Überzeugungskraft zu finden. Gerade deshalb muß es ein unhaltbarer Zustand sein, daß sich dieses intensive Gemeindeleben nicht Sonntag für Sonntag in der Eucharistiefeier kristallisieren darf. Denn wenn die Bewegung vom Vater her so lebendig und intensiv wird in der Ausübung der verschiedenen Geistesgaben, dann verlangt dies eine ebenso starke und lebendige Antwort an den Vater im priesterlichen Dienst, dessen stärkster Ausdruck die Feier der Eucharistie darstellt.

Wirkt die Situation nicht geradezu grotesk? Die lebendigen Basisgemeinden verkörpern ganz intensiv die Bewegung vom Vater zur Kirche her; aber es wird ihnen die Möglichkeit einer priesterlichen Antwort in der Eucharistiefeier nicht gegeben. In unseren Ländern wurde die Bewegung vom Vater zur Welt her so sehr im „Amtlichen“ erstickt und auf wenige Personen reduziert, daß sie oft gar nicht mehr erlebbar wird. Dafür geben wir aber in unzähligen Eucharistiefeiern eine Antwort an Gott und wissen oft gar nicht, worauf. Man spricht von einer „Ver-Messung“, d. h. daß zu jeder Feuerspritzenweihe, zu jedem Sport- und Bierfest eine Messe gefeiert wird. Als ich mich als Religionslehrer weigerte, eine Schulmesse zu halten und stattdessen einen Wortgottesdienst anbot, pochte man von seiten der Schulleitung auf ein angebliches Recht auf eine Eucharistiefeier. Dabei konnte ich es nicht mehr mit meinem Gewissen vereinbaren, Schulmessen zu feiern, wo ich dann nach der Messe konsekrierte Hostien unter den Bänken fand.

Wir brauchen zu allem „eine schöne Messe“. Wir geben in dieser Messe eine Antwort auf etwas, das wir nicht kennen und vor allem auf etwas, das wir in unseren Gemeinden nicht leben und nicht erleben. Der Priestermangel bedeutet eine höchst notwendige Korrektur und Nachhilfelektion in unserem Eucharistieverständnis. In der sogenannten „priesterlosen“ Gemeinde wird es einen derartigen Mißbrauch des

Sakramentes nicht mehr geben. Aber die priesterlose Gemeinde stellt ja nicht das Ziel pastoraler Strategien und schon gar nicht das Ziel der Vorsehung Gottes dar, sondern eine vorübergehend eingegebene bittere Medizin zur Heilung einer gefährlichen Krankheit. Wenn wir begriffen haben, worauf Gott hinaus will, werden wir wieder Priester in genügender Anzahl haben.

OPFER

Um zum Kern des Priestertums vorzudringen, müssen wir uns zunächst über das Wesen und den Sinn des Opfers klarwerden.

Opfer bedeutet ein Wort, das in unserem Sprachgebrauch einen starken Wandel erfahren hat. Man spricht nicht mehr vom Opfer im Sinne des bewußten Verzichtes, sondern von Kriegsopfern, von Verkehrsopfern, von Todesopfern usw. In einer Gesellschaft, die die Befriedigung aller Bedürfnisse, Triebe und Wünsche als oberstes Ziel hinstellt, müssen ja Opfer und Verzicht pervers erscheinen. Ein Opfer kann nur als etwas Sinnvolles angesehen werden, wenn es hingeordnet wird auf einen höheren Wert. Wenn ein Kind zwei Wochen lang darauf verzichtet, Süßigkeiten und Eis zu kaufen, um mit dem ersparten Geld der Mutter ein Geburtstagsgeschenk zu bereiten, so ist der Verzicht hingeordnet auf das Geburtstagsgeschenk, das in der Wertordnung des Kindes höher eingestuft ist als die Süßigkeiten. Wenn P. Maximilian Kolbe statt eines jungen Familienvaters in den Hungerbunker ging, so schätzte er das Leben des Familienvaters höher ein als sein eigenes. Je stärker die Beziehung wird, um so größer kann auch das Opfer ausfallen. Wenn die Liebe des Kindes zur Mutter sehr groß ist, wird es nicht nur zwei Wochen, sondern vielleicht sogar sechs Wochen auf die Süßigkeiten verzichten. Das Opfer für sich ergibt keinen Sinn, sondern durch das geleistete Opfer kommt meine Wertordnung zum Ausdruck. Wenn ein Bursch einem Mädchen sagt: „Deinetwegen verzichte ich nicht auf Kegelabend, Fußballklub und Musikgruppe!", dann weiß das Mädchen, wo es in der Wertordnung des Burschen eingestuft wird. Im Opfer drückt sich also Vertrauen und Liebe aus. Schon im Abschnitt „Opfer oder Mahl" im Kapitel über die Eucharistie habe ich zu diesem Thema einiges vorweggenommen. Wenn ich dem geliebten Menschen meine Liebe ausdrücken möchte, so wird er in meiner Wertordnung immer höher hinaufrücken. Rein, vollkommen und selbstlos wäre die Liebe, wenn der geliebte Mensch zum höchsten Wert meines Lebens wird, ja sogar höher als mein eigenes Leben. „Es gibt keine größere Liebe, als wenn einer sein Leben hingibt für seine Freunde" – (Jo 15, 13).

Petrus, der immer schnell mit großen Bekentnissen zur Stelle war, sagte zu Jesus: „Herr, mein Leben will ich für dich hingeben" – (Jo 13, 37). Doch Jesus kannte die Liebe und den Glauben des Petrus und wußte, daß er in der Wertordnung des Petrus noch weit hinter seinem Leben eingestuft war. Als Jesus verhaftet wurde, da flohen alle, und es zeigte sich, daß Petrus die Liebe zum Herrn noch nicht über seinem eigenen Leben einstufte.

Fassen wir das Gesagte kurz zusammen: Opfer bedeutet einen sichtbaren Ausdruck der Liebe und des Vertrauens. Es zeigt an, wieviel mir der geliebte Mensch (oder auch Gott) wert ist. Die alttestamentlichen Opfer bargen die Gefahr in sich, daß sie zum Selbstzweck erstarrten und nicht mehr sichtbarer Ausdruck der Gottesliebe waren. Das haben die Propheten immer wieder kritisiert. Im Psalm 51, 8f. heißt es:

„Schlachtopfer willst du nicht, ich würde sie dir geben; an Brandopfern hast du keinen Gefallen.

Das Opfer, das Gott gefällt, ist ein zerknirschter Geist, ein zerbrochenes und zerschlagenes Herz wirst du, Gott, nicht verschmähen."

Gott will keine Leistungen, keine Alibihandlungen, mit denen wir uns loskaufen, sondern er will unser Herz, unser ganzes Vertrauen. Wenn Gott Opfer fordert, dann sollen sie unsere wahre Wertordnung entlarven. Nochmals ein Beispiel zur Verdeutlichung:

Ein junger Mann ist mit seinem Mädchen beisammen. Er beteuert ihr, sie sei das Höchste seines Lebens, sein alles. Sie sagt: „Würdest du, bitte, in meinem Zimmer nicht rauchen!

Du weißt, ich vertrage das nicht, mir wird übel!“ Und er antwortet darauf: „Und du weißt genau, daß ich auf meine Zigarette nicht verzichten kann!“

In dem geforderten Verzicht auf das Rauchen wird sehr schnell bloßgelegt, wie hohl und unecht die großen Liebesbeteuerungen waren. Wenn Gott vom Menschen Opfer fordert, so nicht, um ihn zu quälen oder um ihn der Lebensfreude zu berauben, sondern weil er uns klarmachen will, wieviel oder wie wenig er uns wirklich bedeutet. Wenn ein 16jähriger mir sagt: „Ich kann am Sonntag nicht zur Messe kommen, weil ich mich ausschlafen muß“, kommt mit dieser Aussage eine Einstellung zum Ausdruck. Wenn derselbe Jugendliche aber bereit ist, um sieben Uhr früh am Fußballplatz zu stehen, wenn seine Mannschaft ein Match austrägt, dann wird die wahre Wertordnung bloßgelegt. Wenn Gott mir ein paar Prozent meines Einkommens als Kirchenbeitrag nicht wert ist, ich mir aber gleichzeitig ein neues Auto und eine neue Wohnzimmereinrichtung leiste, dann zeigt sich darin die wahre Wertordnung und wo in Wahrheit meine Götter sind. „Wo dein Schatz ist, da ist auch dein Herz“ – (Mt 6, 21).

Gott liegt etwas daran, daß wir wieder zu einer geheilten Vertrauensbeziehung zu ihm finden. Aber er läßt sich nichts vormachen. Er zieht sich nicht beleidigt zurück, wenn wir ihn beschwindeln, sondern er fordert ein Opfer als Zeichen unseres Vertrauens oder zur Aufdeckung unserer Unlauterkeit.

Der Hymnus im Philipperbrief erzählt uns, daß Jesus herabstieg, um in unsere Unfähigkeit zu vertrauen, und daß er als erster Gott eine Antwort des Vertrauens gab.

„Seid untereinander gesinnt, wie es dem Leben in Christus Jesus entspricht: Er war Gott gleich, hielt aber nicht daran fest, wie Gott zu sein, sondern er entäußerte sich und wurde wie ein Sklave und den Menschen gleich. Sein Leben war das eines Menschen. Er erniedrigte sich und war gehorsam bis zum Tod, bis zum Tod am Kreuz. Darum hat Gott ihn über alle erhöht und ihm den Namen verliehen, der größer ist als alle Namen, damit alle im Himmel und auf der Erde und unter der Erde ihre Knie beugen vor dem Namen Jesu und jeder Mund bekennt: Jesus Christus ist der Herr! Zur Ehre Gottes, des Vaters“ – (Phil 2, 5–11).

Gott hatte sich schon im Alten Bund als JAHWE = ICH BIN FÜR EUCH DA geoffenbart. Gott stellte sein Volk immer wieder auf die Probe, ob sie diese gewaltige Zusage Gottes begriffen hätten. Doch das Volk hat immer wieder versagt. Sie trauten diesem Gott „ICH BIN FÜR EUCH DA“ nichts zu. Sie sahen nur ihre eigenen Grenzen und Möglichkeiten, ihre Erfahrungen und Ängste. Wir könnten die Botschaft, die im Namen Gottes „ICH BIN FÜR EUCH DA“ geoffenbart ist, so deuten: „Ich helfe euch immer!“ Was für eine gewaltige Zusage!

Nur stimmt sie oft nicht mit der sogenannten Wirklichkeit überein. Wenn Hunger, Durst, Krankheit, Seuchen und Krieg das Volk bedrängten, sagten sie sich: Wo ist nur dieser Gott mit seiner Zusage, immer für uns da zu sein? Es war doch alles Täuschung! Stattdessen hätten sie gegen jede Hoffnung an der Zusage Gottes festhalten sollen. Wenn Gott sich verbürgt hat, dann mag geschehen, was will: Er ist der ICH BIN FÜR EUCH DA, und deshalb wird er zu uns stehen.

Das wäre die Haltung gewesen, in der das absolute Vertrauen zum Ausdruck gekommen wäre. Weil das Volk als Ganzes diese Antwort nicht gab, nahm Gott selbst unser Menschsein an, um in einem Menschen exemplarisch das Vertrauen vorzuleben. Jesus spricht immer wieder vom Vertrauen zum Vater. Als er am Kreuz hängt, da halten ihm die Schriftgelehrten und Pharisäer dieses Vertrauen vor: „Er hat auf Gott vertraut; der soll ihn jetzt retten, wenn er an ihm Gefallen hat. Er hat doch gesagt: Ich bin Gottes Sohn“ – (Mt 27, 43).

Damit haben sie genau den Kern der Botschaft Jesu und seiner Sendung getroffen. Er hatte behauptet, man könne sich total auf Gott verlassen. Und er wagte es, auch am Kreuz daran festzuhalten, auch wenn alle und alles dagegensprachen, daß Gott in dieser Verlassenheit noch als der ICH BIN FÜR EUCH DA helfend und rettend zugegen sei. Wir müssen uns in diesem Ringen um das Vertrauen Jesus mehr als Menschen vorstellen und nicht so sehr als Gottessohn. Gott nur Gutes zutrauen, nicht im geringsten daran zweifeln, daß er mich jederzeit trägt, hält und liebt, das ist das Vertrauen, auf das Gott wartet. Und es kann sein, daß Gott dieses Vertrauen auf seine Echtheit prüft. Er wird von jedem von uns das Leben fordern, genauso wie er es von Jesus forderte. Im Dunkel des Todes wird er uns alles nehmen, wir werden nackt und arm dastehen. Und leise, fast bange wird die Frage Gottes da sein: „Liebst du mich? Vertraust du mir immer noch? Gehst du in deiner Liebe zu mir wirklich so weit, daß du dir eher alles nehmen läßt, sogar das eigene Sein, als an meiner Liebe zu zweifeln?" Und wenn ich in diesem Dunkel des Todes mich durchringe und bekenne: „Mein Gott, mag mir auch alles genommen werden, aber du bist immer noch bei mir, auch wenn ich dich nicht sehe, nicht spüre, nicht begreife, auch wenn alles dagegen spricht", dann wird plötzlich Licht mich umfluten, unvorstellbares Licht, Gott wird seine Arme nach mir ausstrecken und mich an sich ziehen in eine ewige, erfüllende Umarmung. Das Opfer ist vollendet. Es ist vollbracht! Ein Mensch ist aus der Verlorenheit, aus dem Mißtrauen heimgekehrt in das Vertrauen zu Gott, er ist zu Hause, er ist gerettet. Und ich werde alles begreifen, alles, was mir in diesem Leben nur Stückwerk an Erkenntnis war (vgl. 1 Kor 13, 9) und was mir deshalb oft unverständlich blieb, alles leuchtet mir in neuen Zusammenhängen auf. Ich werde begreifen, daß alle Opfer meines ganzen Lebens nicht eine sinnlose und willkürliche Forderung waren, sondern daß Gott mich in seiner Liebe und Barmherzigkeit heimführen wollte in eine gereinigte Beziehung des Vertrauens, voll Lauterkeit und Wahrheit. Du bist der Gott, der von Abraham verlangte, seinen Sohn zu opfern, das Liebste und Teuerste. Du hast es nicht aus Grausamkeit und Willkür getan, sondern um deinen Freund im Glauben zu läutern. Mein Gott, welche Freude muß in dir gewesen sein, als Abraham bereit war, das Opfer zu bringen – (Gen 22, 1–19). Ich werde dann begreifen, welchen Sinn es hatte, daß der Krieg so vielen Kindern Väter und Heimat raubte; ich werde begreifen, warum Krankheit Menschen herausriß aus dem blühenden Leben; ich werde begreifen, verstehen, in neuem Lichte schauen, in der Logik der göttlichen Liebe. Und der Weg dorthin, der für mich übersät war von Opfern bis hin zum letzten Opfer in meinem Tod, erscheint mir in der Rückschau verklärt und von einem wunderbaren Sinn erfüllt. Und Gott selbst wird kommen und mir jede Träne abwischen, die in meinem von Opfern gezeichneten Gesicht stehen. Er wird zärtlich meine Tränen trocknen, und kein Tod wird mehr sein, keine Trauer, keine Klage; denn die Zeit des Opfers ist vorbei. Was früher war, ist vergangen. Und der auf dem Thron sitzt, wird voll Güte zu mir sagen: „Siehst du! Ich mache alles neu!" – (vgl. Offb 21, 4f.).

Das Opfer ist der Weg der Liebe heim zum Vater. Und auf diesem Weg erfüllt der Priester opfernd seinen Dienst. Wenn ich bei der Eucharistiefeier die Wandlungsworte spreche, dann läuft es mir manchmal kalt über den Rücken. Ich erschrecke vor dem, was ich das sage: „Das ist mein Leib, der für euch hingegeben wird! Das ist mein Blut, das für euch vergossen wird!" Ich kann diese Worte nicht sagen, so wie ein Schauspieler seine Rolle deklamiert, sondern ich muß mich mit diesen Worten identifizieren. Wenn ich sage: „Das ist mein Leib", so sagt das nicht nur Christus von sich und durch mich, sondern ich soll es auch von mir sagen: Mein Leib. Da wird mir die schmerzliche Kluft bewußt zwischen der Liebe Christi und meiner noch sehr unvollkommenen Liebe. Bin ich wirklich bereit, Leib und Leben hinzugeben? Oder ergeht es mir wie Petrus, der zwar großspurig Jesus sein Leben anbietet, aber wenn es ernst wird, ihn verleugnet und flieht? Bin ich bereit, wie Abraham, das Liebste und Teuerste zu opfern? Oder würde ich mit Gott zu handeln und zu hadern beginnen? Ich glaube, so wie Jesus beim Sprechen dieser Worte das furchtbare Ende nahe wußte und diese Worte dadurch nicht nur symbolisch gemeint waren, sondern radikal und existentiell, ebenso spüre ich beim Sprechen der Wandlungsworte das Geheimnisvolle, ja fast Unheimliche, das fordernd und verpflichtend hinter diesen Worten steht. Ich weiß, daß Gott mich schon im nächsten Augenblick beim Wort nehmen kann und mir Leib und Blut für das Leben der Welt abverlangen wird. Diese Hingabe des Leibes und des Blutes besteht nicht nur im Brotsein für den anderen, sondern vor allem im Ausleiden der unheilen Vertrauensbeziehungen, im Ausleiden aller Unfähigkeit, aus eigener Macht die Welt zu retten. Mit wieviel ausweglosen Situationen werde ich täglich konfrontiert! Der eigentliche priesterliche Dienst besteht nun nicht darin, mit aller Anstrengung doch noch irgend etwas zu verändern oder zu retten (das kann notwendig und gut sein), sondern die Zerrissenheit und Verlorenheit und Ausweglosigkeit dieses Menschen als meine persönliche anzunehmen, d. h. mich in sie hineinzustellen und darin zu bekennen: „Ich glaube, o mein Gott, daß du der ICH BIN IMMER FÜR EUCH DA bist!" Glauben gegen jede Logik, Hoffen gegen jede Hoffnung – das ist primär der Dienst des Priesters, der Opferdienst, in dem er die Welt mit ihrer unheilen Situation glaubend Gott darbringt, nicht aus eigener Macht und aus eigener Glaubensstärke, sondern indem sich der Priester eins machen läßt mit Christus am Ölberg und Christus am Kreuz. Wenn wir glaubend bekennen, daß in Christus Opfernder und Opfer eins werden, so muß sich dies im priesterlichen Dienst durch alle Zeit hin fortsetzen. Christus lebt im Priester und holt dadurch die ganze Schöpfung hinein in die Opferantwort des Vertrauens an den Vater.

Wenn wir das, was ich hier über den Priester als Opfernder und Geopferter angeführt habe, übertragen auf die tatsächliche Lage unserer Kirche, so wird uns klar, woran sie krankt. Der Priester wurde durch eine jahrhundertelange Entwicklung aus dem Opferdienst weitgehend herausgeholt und in eine Fülle von Diensten und Aufgaben hineingestellt, die nicht unmittelbar priesterliche Dienste und Aufgaben sind. Unsere christlichen Gemeinden würden zu ungeahntem Leben aufblühen, wenn die Priester wieder vorrangig diesem Dienst nachkommen könnten, Gott das Opfer des Lobes und der Liebe als Antwort dieser Welt auf seine Liebe darzubringen.

Carlo Carretto schlägt als Tagesplan für den Priester vor: 7 Stunden Gebet, 7 Stunden Arbeit, 7 Stunden Schlaf. Ich glaube, daß die Verwirklichung eines solchen Tagesplanes Priester und Gemeinden verändern würde. Aber dazu ist eine Umstrukturierung notwendig. Viele Dienste, die durch die Ausübung von Charismen wahrgenommen werden sollen, müssen dem Priester abgenommen werden, damit er mehr und mehr frei wird für den eigentlichen priesterlichen Dienst.

DAS ALLGEMEINE PRIESTERTUM

Ich habe einmal bei einem Kurs, an dem auch mehrere Priester teilnahmen, über das allgemeine Priestertum gesprochen. Danach äußerten einige Priester die Besorgnis, der geweihte Priester könnte dann ja überflüssig werden, wenn wir die Laien in dieser direkten Weise zur Ausübung des allgemeinen Priestertums aufrufen.

Im 2. Petrusbrief ist sehr deutlich von diesem priesterlichen Auftrag an das ganze Gottesvolk die Rede: „Laßt euch als lebendige Steine zu einem geistigen Haus aufbauen, zu einer heiligen Priesterschaft, um durch Jesus Christus geistige Opfer darzubringen, die Gott gefallen" – (2 Pet 2, 5). Zwei Wahrheiten werden in dieser Schriftstelle zum Ausdruck gebracht. Erstens, daß alle Christen zu dieser heiligen Priesterschaft gehören, und zweitens: daß der priesterliche Auftrag darin besteht, geistige Opfer darzubringen.

Werfen wir in diesem Zusammenhang einen Blick in die eucharistischen Hochgebete. Im Dritten Hochgebet heißt es: „Bis ans Ende der Zeiten versammelst du dir ein Volk, damit deinem Namen das reine Opfer dargebracht werde vom Aufgang der Sonne bis zum Untergang." Aus dem Vierten Hochgebet: „So bringen wir seinen Leib und sein Blut dar, das Opfer, das dir wohlgefällt und der ganzen Welt Heil bringt. Sieh her auf die Opfergabe, die du selber deiner Kirche bereitet hast, und gibt, daß alle, die Anteil erhalten an dem einen Brot und dem einen Kelch, ein Leib werden im Heiligen Geist, eine lebendige Opfergabe in Christus zum Lob seiner Herrlichkeit."

In den Schweizer Hochgebeten heißt es: „Schau herab auf dieses Opfer, auf Christus, der sich mit Leib und Blut hingibt und uns in seiner Hingabe den Weg öffnet zu dir, unserem Vater."

Das ganze Gottesvolk bringt also das Opfer dar. Darüber habe ich im Kapitel über die Eucharistie schon einiges gesagt. Kraft unserer Taufe und noch mehr unserer Firmung bringen wir uns als Opfer dar. Und all die Opfer legen wir hinein in die Hostienschale; wo es den Ritus des Opferganges gibt, kommt dies zeichenhaft noch stärker zum Ausdruck. Der

Priester hebt all die vielen Opfer des Gottesvolkes durch die Vereinigung mit dem einen wahren Opfer Jesu auf die sakramentale Ebene, so wie es der oben zitierte Text aus dem Vierten Hochgebet ausdrückt: „. . . gib, daß alle . . . ein Leib werden im Heiligen Geist (=Leib Christi=Kirche), eine lebendige Opfergabe in Christus (= sakramentale Hingabe all unserer Opfer gemeinsam mit dem Opfer Christi).

Ich habe mich als Jugendlicher an dem Glaubenssatz gestoßen: „Der Mensch ist zum Lobpreis Gottes geschaffen." Ich hätte es noch verstehen und akzeptieren können, wenn es hieße: „Der Mensch ist geschaffen, um Gott und den Mitmenschen zu lieben." Aber daß der Lobpreis Gottes mein Sinn und mein Ziel sein sollte, wollte mir nicht einleuchten. Gewiß hatte ich eine falsche Vorstellung vom Lobpreis. Dies meint ja sicher nicht, andauernd „Halleluja" zu singen (wie sich manche fälschlicherweise den Himmel vorstellen; das würde uns sehr bald langweilig). Gott wird verherrlicht in seinen Werken. Er wird verherrlicht, wenn die Werke seine Größe, seine Schönheit und Liebe widerstrahlen. Das können sie aber nur, wenn sie im Plan Gottes, in seiner Ordnung stehen. Der Stein, der Wassertropfen, das Sonnensystem spiegeln Gottes Größe und Schönheit wider, weil diese Geschöpfe gar nicht anders können. Sie haben nicht die Wahl, Gott zu loben oder nicht. Der Text eines rhythmischen Liedes drückt dies sehr schön aus:

„Vögel singen froh ihr Lied,
und der Wind singt rauschend mit;
schweigend singt der Stein sein Lob
seinem Schöpfergott.
Ewig klingt die Melodie
dieser Schöpfungssymphonie,
laßt uns singen Preis und Lob
unserem Herrn und Gott."

Je mehr der Mensch das bejaht, was er nach Gottes Plan sein soll, Abbild Gottes, Partner der Liebe Gottes, um so mehr preist er Gott durch sein Leben und seine Liebe.

„Ahmt Gott nach als seine geliebten Kinder und liebt einander, weil auch Christus uns geliebt und sich für uns hingegeben hat als Gabe und als Opfer, das Gott gefällt" – (Eph 5, 1 f).

Der Lobpreis Gottes führt den Menschen zur tiefsten Schau des Daseins. Im Lobpreis ertragen wir die Ungereimtheiten und Fragwürdigkeiten dieses Lebens.

Im Lobreis Gottes ertragen wir die Grausamkeit und Sinnlosigkeit des irdischen Schicksals.

Im Lobpreis Gottes bringen wir Gott das Opfer höchsten Vertrauens dar.

Im Lobpreis Gottes werden wir alle wahrhaft Priester.

Du in mir und ich in dir

Ein Satz aus dem Ritus der Priesterweihe hat sich mir ganz tief eingeprägt:

„Bedenke, was du tust;
ahme nach, was du vollziehst,
und stelle dein Leben unter das Geheimnis des Kreuzes Christi."

In diesen drei Aufträgen an den Weihekandidaten ist in knapper Formulierung das ganze priesterliche Programm zusammengefaßt. Heute wird so viel diskutiert über das Priesterbild in unserer Gesellschaft. Viele meinen, der Mangel an Priesterberufen stehe gar nicht so sehr im Zusammenhang mit der Zölibatsverpflichtung, sondern mit dem Verfall des Priesterbildes. Sicherlich ist die Stellung des Priesters in der Gesellschaft von heute eine andere als etwa vor 30 oder 100 Jahren. Und viele sagen: Gott sei Dank! Gott führt die Priester wieder auf den Weg der Armut und Entäußerung. Ich muß zugeben, ich erschrecke immer, wenn mich jemand mit „Hochwürden" anspricht. Sicherlich bedeutet die Weihe und das Gesalbtsein eine hohe Würde. „Aber diesen Schatz tragen wir in zerbrechlichen Gefäßen; so wird deutlich, daß das Übermaß an Kraft von Gott kommt und nicht von uns" – (2 Kor 4, 7).

Wenn jemand wissen möchte, was das Wesen des Priestertums und was der priesterliche Auftrag sei, so kann man ihm die drei Punkte aus der Weiheliturgie zitieren: „Bedenke, was du tust!"

Es ist nicht menschliches Tun; Gott ist am Werk. Aber gerade in unserer Armut und Schwachheit kommt die Kraft Gottes zum Vorschein – (vgl. 2 Kor 12, 9). Immer ist das Bewußtsein da, daß das Werk, das getan wird, über die eigenen Kräfte geht. Und wie der Prophet Jeremia möchte man sagen: „Ach mein Gott und Herr, ich kann doch nicht reden, ich bin noch zu jung“ – (Jer 1, 6). So vollbringen wir Werke, über die wir selbst nur staunen können. „Wenn ihr alles getan habt, was ich euch aufgetragen habe, sollt ihr sagen: Wir sind nur unnütze Knechte. Wir haben unsere Schuldigkeit getan“ – (Lk 17, 10). So mahnt Jesus seine Jünger. Dies ist keine künstliche Tiefstapelei, sondern es zeigt das rechte Verhältnis zwischen eigenem Tun und dem Handeln Gottes.

„Wer in mir bleibt und in wem ich bleibe, der bringt reiche Frucht; denn getrennt von mir könnt ihr nichts vollbringen“ – (Jo 15, 5).

Unser Tun wirkt nichts, wenn es, losgelöst von Jesus, geschieht. Es bleibt ein wertloser menschlicher Selbsterlösungsversuch, wenn nicht der Herr selbst am Werk ist. Denn wenn wir wirklich eins sind mit ihm, dann werden wir die Werke vollbringen, die er vollbrachte, ja sogar noch größere – (vgl. Jo 14, 12).

Ich glaube, daß es an dieser Stelle passend und notwendig erscheint, über den Zölibat nachzudenken. Denn diese Lebensform kann nur aus einer Berufung und aus einem ganz innigen Einswerden mit Jesus fruchtbar gelebt werden. Zur Begründung des Zölibats wird die Schriftstelle Mt 19, 12 herangezogen:

„Manche sind von Geburt an zur Ehe unfähig, manche sind von den Menschen dazu gemacht worden, und manche haben sich selber dazu gemacht um des Himmelreiches willen. Wer das erfassen kann, der erfasse es!“

Es gibt also nach dem Wort Jesu die Ehelosigkeit um eines höheren Wertes willen, eben um des Himmelreiches willen. Zwei Voraussetzungen scheinen mir wichtig, damit die zölibatäre Lebensform zu einem erfüllten und fruchtbaren Dasein führen kann:

Berufung vom Herrn zu dieser Lebensform und Verzicht um des Himmelreiches willen.

Nur wenn ich mich gerufen fühle und mich auf diesen Ruf

einlasse, so kann der Zölibat zur fruchtbaren und zeichenhaften Lebensweise werden; zeichenhaft, weil er auf das Himmelreich verweist. Der Priester wird durch seine Weihe in eine ganz enge Schicksalsgemeinschaft mit Christus berufen. Dies bedeutet, daß das Leben des Priesters eine Teilhabe an der Einsamkeit Jesu sein muß, der er nicht ausweichen darf. Auch wenn der Priester in einer sehr vertrauten Ordensgemeinschaft lebt oder wenn er verheiratet wäre, liegt auf ihm die Verpflichtung zur Teilhabe am einsamen Kreuzweg Jesu. Die Ölbergstunde wird sich im Laufe seines Lebens immer tiefer in sein Leben einprägen. Die Ehe steht ja dem Priestertum nicht prinzipiell im Weg, und die Verpflichtung zum Zölibat ist eine kirchendisziplinäre Verfügung, die sich ja erst im Laufe von Jahrhunderten zu einer allgemeinen Verpflichtung entwickelte.

Aber auch wenn der Priester verheiratet wäre, bleibt er notwendigerweise ein Einsamer, ein Herausgerufener. Und das würde für das Eheleben sicher persönliche Schwierigkeiten nach sich ziehen, die die allzu heftigen Befürworter der Priesterehe oft übersehen. Der Priester bleibt auf weiten Strecken seines Weges allein, und nicht einmal die Vertrautheit einer Ehegattin kann und darf ihm diese Einsamkeit nehmen. Diese Einsamkeit muß positiv bewältigt werden. Der Priester muß sich ihr immer wieder stellen. Jedes Ausweichen würde zu einer Verkürzung und Verflachung des priesterlichen Dienstes führen. Aus dieser positiv angenommenen Einsamkeit um Jesu willen und um des Himmelreiches willen kann der Priester in einer großen Freiheit auf die Menschen zugehen und ihnen sehr persönlich begegnen mit der verwandelten Kraft seiner Liebesfähigkeit, so wie Jesus auf die Menschen zugegangen ist, sie berührt hat, äußerlich und im Herzen. In dieser Teilhabe am Schicksal und an der Sendung Jesu wird die zölibatäre Existenz fruchtbar für das Reich Gottes.

Dies soll kein Plädoyer für den Zölibat sein, sondern eine Darlegung meiner persönlichen Erfahrung. Ich kann mir vorstellen, daß gerade in grundsätzlich verschiedenen Kulturen wie z. B. in Afrika Zölibat und Ehe einen ganz anderen Stellenwert haben und daß man von seiten Roms in absehbarer Zeit Verheirateten die Möglichkeit geben wird, das

Weihesakrament zu empfangen. Es wäre falsch, bloß um Lücken in den Reihen der Priester zu füllen, schnell zu einer Notlösung zu greifen und Verheiratete zu weihen. Da müssen schon tiefere Überlegungen angestellt werden.

„Ahme nach, was du vollziehst!"

Was vollzieht der Priester? Kirchliches Management und Verwaltungstätigkeit? Da gibt es nicht viel nachzuahmen. Was der Priester in erster Linie zu vollziehen hat und was ich schon im Abschnitt „Opfer" ausgeführt habe, das ist der Dienst des Opfers und des Gebetes für die Gemeinde und für die Kirche. Der Priester vollzieht die liebende Selbstweggabe Jesu als Brot an die Welt und als Opfer der Liebe an den Vater. „Ahme es nach!" Mach dich zum Brot und zum Opfer der Liebe an den Vater. Der heilige Ignatius von Antiochien (um 107 als Märtyrer den wilden Tieren vorgeworfen) schreibt, als er von Antiochien nach Rom zur Hinrichtung transportiert wurde, folgendes in seinem Brief an die römische Christengemeinde:

„Weizen Gottes bin ich; die Zähne der wilden Tiere sollen mich mahlen, damit ich reines Brot Christi werde. Betet für mich, daß ich durch sie als Werkzeuge ein Opfer für Gott werde."

Reines Brot Christi und Opfer für Gott werden, das vollzieht der Priester und das soll er nachahmen, indem er eins wird mit Christus.

„Stelle dein Leben unter das Geheimnis des Kreuzes Christi."

Das Kreuz ist aus dem Leben des Christen und schon gar nicht aus dem Leben des Priesters wegzudenken.

„Wir aber verkünden Christus als den Gekreuzigten; für Juden ein empörendes Ärgernis, für Heiden eine Torheit, für die Berufenen aber, Juden wie Griechen, Christus Gottes Kraft und Gottes Weisheit" – (1 Kor 1, 23).

Das Kreuz Christi im Leben des Priesters bedeutet, daß er die Maßstäbe Jesu an sein Leben und an sein Tun anlegt. Wenn er Mißerfolg erfährt, ist dies nicht ein Mißerfolg nach den Maßstäben Jesu, sondern das Annehmen der eigenen Armut schafft Raum für das Handeln Gottes. Nehmen wir die Seligpreisungen zur Hand, um die Maßstäbe Jesu zu begreifen. Jesus hat in den Seligpreisungen nicht nur ein

Programm proklamiert, sondern er hat dieses Programm selbst gelebt.

„Selig, die arm sind vor Gott, denn ihnen gehört das Himmelreich“ – (Mt 5, 3).

Am Leben des Christen, vor allem aber des Priesters muß diese Seligpreisung ablesbar sein. Er muß einer sein, der die Armut liebt, sowohl die materielle (zeichenhaft materielle Armut!) als auch die existentielle. Er liebt die Armut nicht um ihrer selbst willen, sondern weil in der vielfältigen Erfahrung der Armut das eigene Tun zurücktritt und das Wirken des Geistes Gottes nicht behindert. So wie das Kind, das vor einer unlösbaren Aufgabe steht, voll Vertrauen zur Mutter aufblickt und sagt: Du kannst es! Mach du es! So nimmt der Priester zeichenhaft die Armut an als ein Sich-Öffnen für den Willen Gottes.

„Selig die Trauernden, denn sie werden getröstet werden“ – (Mt 5, 4).

Der Priester nimmt die Traurigkeit dieser Welt auf sich; er versucht ihr nicht zu entgehen oder zu entfliehen, sie nicht durch künstliche Freude zu vertreiben. Er nimmt die Traurigkeit an, weil er den Tröster kennt, der in Wahrheit trösten kann: der Heilige Geist. Wenn ich durch die Straßen einer Großstadt gehe und in die Gesichter der vorbeihastenden Menschen blicke, sehe ich so viel Traurigkeit. Die Traurigkeit ist ein Ausdruck der inneren Leere und Hoffnungslosigkeit. Ich denke dann oft an diese Seligpreisung. Ich möchte mich dieser Traurigkeit stellen in meiner ganzen Ohnmacht. Aber gerade darin kann der Tröster, der Heilige Geist, wirksam werden.

„Selig, die keine Gewalt anwenden, denn sie werden das Land erben“ – (Mt 5, 5).

Wenn wir diese Seligpreisung auf den Priester anwenden, brauche wir dabei nicht gleich an Camillo Torres zu denken, der mit der Maschinenpistole in der Hand dem Reich Gottes zum Durchbruch verhelfen wollte. Es gibt noch viel diffizilere Formen von Gewalt, um die eigenen Ideen und Wünsche durchzudrücken. Arm, wehrlos, ohne Machtmittel und Werbemethoden dieser Welt das Reich Gottes verkünden; bereit sein, sich lächerlich zu machen, rückständig zu gelten, als unfähig abqualifiziert zu werden, weil ich mich nicht meiner

Haut wehre und meine Sache nicht entsprechend verteidige. Das ist die Haltung Jesu vor Pilatus, zu dem er sagt: „Ja ich bin ein König, ich bin gekommen, daß ich für die Wahrheit Zeugnis ablege. Und du hättest keine Macht über mich, wenn sie dir nicht von oben gegeben wäre" – (Jo 18, 37 und 19, 11). Entweder sind das die Worte eines Verrückten, der bis zuletzt an seiner Wahnvorstellung festhält, oder es sind die Worte eines Menschen, der aus der Gewißheit lebt, daß seine Sache siegt, auch wenn jetzt vieles dagegenzusprechen scheint.

„Selig, die hungern und dürsten nach der Gerechtigkeit, denn sie werden satt werden" – (Mt 5, 6).

Wenn in der Sattheit unserer Gesellschaft einer auftritt, der nach Wahrheit und Gerechtigkeit hungert, der wird zum Zeichen und zum Zeugnis. Ist es uns Priestern wirklich ein Anliegen, daß Gerechtigkeit und Frieden zum Durchbruch gelangen?

Hungern und dürsten wir wirklich täglich danach? Oder begnügen wir uns mit einer gelegentlichen Fürbitte um den Weltfrieden?

„Selig die Barmherzigen, denn sie werden Erbarmen finden" – (Mt 5, 7).

Unsere Zeit hat unbarmherzige Gesetze. „Hast du was, dann bist du was! Leistest du was, dann hast du was!" Alle, die diesem Dogma nicht entsprechen, fallen umbarmherzig durch. Sie brauchen wahre Barmherzigkeit; Barmherzigkeit, die aus einem Herzen kommt, das durchlässig ist für die Barmherzigkeit Gottes.

„Selig, die ein reines Herz haben, denn sie werden Gott schauen" – (Mt 5, 8).

Rein – bei diesem Wort könnten wir an klares, reines Quellwasser denken. Aber wo gibt es solches Wasser noch? So wie die materielle Umweltverschmutzung um sich greift, so auch die geistige. Der reine Mensch, der so lauter und durchsichtig ist in seinen Gedanken, Worten und Taten, der nichts zu verbergen hat, läßt die Menschen voll Hoffnung aufschauen und aufhorchen.

„Selig, die Frieden stiften; denn sie werden Söhne Gottes genannt werden" – (Mt 5, 9).

Der Friede ist heute zu einem vieldiskutierten Begriff

geworden, leider oft auch zu einer abgedroschenen Phrase, zu einer hohlen Formel, zu einer entstellten Wirklichkeit.

Paulus schreibt, was jeder Priester den Menschen zurufen sollte: „Wir sind also Gesandte an Christi Statt, und Gott ist es, der durch uns mahnt. Wir bitten an Christi Statt: Laßt euch mit Gott versöhnen!“ – (2 Kor 5, 20).

Nur wenn der Mensch sich mit Gott versöhnt, d. h. mit Gott in Frieden lebt, kann er zum Frieden mit sich selbst kommen, zufrieden werden und so ein Werkzeug des Friedens werden für diese Welt.

Das eigene Leben unter das Geheimnis des Kreuzes Christi zu stellen, bedeutet, die Bereitschaft aufzubringen, am Kreuz Christi mitzutragen. Von Jesus wurde schon als Kind prophezeit: „Dieser ist gesetzt als ein Zeichen, daß viele durch ihn zu Fall kommen und viele durch ihn aufgerichtet werden, und er wird ein Zeichen sein, dem widersprochen wird. Dadurch sollen die Gedanken vieler Herzen offenbar werden“ – (Lk 2, 34–35 a). Von diesem Auftrag, den Jesus zu erfüllen hatte, Zeichen der Hoffnung und Zeichen der Provokation zu sein, wird auch die gesamte priesterliche Existenz geprägt sein.

Carlo Carretto sagte einmal: „Wer keinen Anstoß erregt, der kann auch keine Anstöße geben.“ Wenn ich als Priester ein ruhiges Leben führe, ohne Gegenwind, ohne Herausforderung, so stimmt etwas nicht. Es gibt einen geistlichen Warnspruch: „Wer Gott ernst nimmt, den nimmt auch der Teufel ernst.“ Wenn ich also keine sonderlichen Kämpfe, Herausforderungen oder Anfechtungen zu bestehen habe, muß ich mir die Frage stellen: Nehme ich Gott zu wenig ernst? Lebe ich wirklich in innigster Einheit mit Jesus?

Dieser geistliche Warnspruch soll nicht unsicher machen oder gar Angst erzeugen, sondern zu ehrlicher Selbstkritik führen. Die Angst besiegt der Herr, der uns das tröstliche Wort gab: „In der Welt seid ihr in Bedrängnis, aber habt Mut! Ich habe die Welt besiegt“ – (Jo 16, 33).

Schlusswort

Es ist mir bewußt, daß bei allen Ausführungen viele Fragen offen geblieben sind. Vieles läßt sich auch mit noch so dicken Büchern nicht erklären. Ich möchte mit diesem Buch einen Impuls geben, über die Liebe Gottes zu meditieren, die uns besonders dicht und deutlich in den Sakramenten begegnet. Das Geheimnis Gottes können wir nur liebend begreifen. „Wer liebt, der erkennt Gott“ – (Jo 4, 7).

Deshalb sollen die Impulse, die hier geboten wurden, eine Hilfe sein, in der Liebe zu Gott zu reifen. Je mehr wir wachsen in der Liebe, desto mehr wird uns das Geheimnis Gottes aufgehen. Denn das Geheimnis Gottes erschließt sich nicht dem Gelehrten, dem Weisen, sondern dem Kleinen und Demütigen, dem Liebenden – (vgl. Mt 11, 25). Wir Menschen machen alles so kompliziert; Gott ist einfach. Und in der Schlichtheit und Einfältigkeit des Herzens, das liebt, begreifen wir weit mehr als in jahrelangen Studien.

Dieses Buch ist kein dogmatisches Lehrbuch, sondern ein persönliches Zeugnis, wie ich Gott in meinem Leben und in meinem Wirken als Priester erfahren habe.

„Was von Anfang war, was wir gehört haben, was wir mit unseren Augen gesehen haben, was wir geschaut und was unsere Hände angefaßt haben, das verkünden wir: das Wort des Lebens. Denn das Leben wurde offenbart; wir haben gesehen und bezeugen und verkünden euch das ewige Leben, das beim Vater war und uns offenbart wurde. Was wir gesehen und gehört haben, das verkünden wir auch euch, damit auch ihr Gemeinschaft mit uns habt. Wir aber haben Gemeinschaft mit dem Vater und mit seinem Sohn Jesus Christus. Wir schreiben dies, damit unsere Freude vollkommen ist“ – (1 Joh 1, 1–4).

CIP-Kurztitelaufnahme der Deutschen Bibliothek

Edlinger, Franz:
Sakramente – leuchtende Zeichen einer neuen
Schöpfung / Franz Edlinger. – Wien;
München : Herold-Verlag, 1986.
ISBN 3-7008-0314-1